Slovak-English/English-Slovak
Dictionary and Phrasebook

Slovak-English/
English-Slovak
Dictionary and Phrasebook

Sylvia and John M. Lorinc

Hippocrene Books
New York

For information, address:
HIPPOCRENE BOOKS, INC.
171 Madison Avenue
New York, NY 10016

ISBN 0-7818-0663-1

Printed in the United States of America.

Contents

The Slovak Alphabet
(Slovenská Abeceda)

LETTERS		PRONUNCIATION	EXAMPLE
A	a	ah	car
Á	á	aaah	father
Ä	ä	eh	beg
B	b	ba	big
C	c	ts	fits
Č	č	ch	church
D	d	da	do
Ď	ď	dyay	would you
E	e	eh	ever
F	f	fa	father
G	g	ga	gather
H	h	ha	happy
CH	ch	huah	hurrah
I	i	ih	ill
Í	í	ee	bee
J	j	yu	you
K	k	ka	kaput
L	l	la	love
Ľ	ľ	lua	million
Ĺ	ĺ	laa	lull
M	m	ma	mother
N	n	na	nothing
Ň	ň	nyuh	onion
O	o	oh	oh
Ó	ó	ohhh	gopher
Ô	ô	ool	old
P	p	pa	pup
R	r	rra	ready
Ŕ	ŕ	rrra	trill
S	s	sa	said
Š	š	sha	shed
T	t	ta	table
Ť	ť	tyuh	must you
U	u	oo	book
Ú	ú	oooo	choose
V	v	va	vet
Y	y	ihh	ill
Ý	ý	ee	bee
Z	z	za	zed
Ž	ž	zha	television

EXCEPTIONS:

The Slovak alphabet does not include Q,
W, or X. These letters will be used in
Slovak if the name of a person, place
or thing does not have a corresponding
name in Slovak. They can possess the
respective sounds below:

Q	q	kveh	kvit
W	w	v	Vashington
X	x	eks	exceptional

NOUNS:

Slovak nouns have three genders:
masculine, feminine and neuter.
Masculine nouns end in a CONSONANT, for
example: MUŽ (man), OTEC (father),
CHLAPEC (boy), PES (dog), DRAK
(dragon), STÔL (table), SCHOD (step).
There are exceptions that end in "A",
and are still masculine. For example:
TURISTA (tourist), STAROSTA (mayor),
PREDSEDA (director).

The feminine nouns end in "A". For
example: ŽENA (woman), SESTRA (sister),
MAMA (mother), MAČKA (cat), STOLIČKA
(chair), TAŠKA (bag). The exceptions
are nouns that end in a consonant, but
are feminine, ie: SKÚSENOSŤ
(experience), TVÁR (face), KOSŤ (bone),
POSTEL (bed), VEC (thing), BUDÚCNOSŤ
(future), MINULOSŤ (past), JAR
(Spring), JESEŇ (Fall or Autumn).

The neuter nouns end in "O" or "E".
LIETADLO (airplane), DIVADLO (theater),
MORE (sea), POLE (field). The neuter
nouns can also end in "IE", as
VYSVEDČENIE (diploma). Exceptions are
the nouns DIEVČA (girl), and DIEŤA
(child) which end in "A", but are
neuter.

The plurals of animate masculine nouns
are formed by adding "I", or "OVIA/IA"
for example MUŽI (men), CHLAPCI (boys),
PSI (dogs), or OTCOVIA (fathers),
SUSEDIA (neighbors). The masculine
inanimate nouns with hard endings, will
get "Y", for example: STOLY (tables),
SCHODY (steps). Masculine inanimate
nouns with soft endings will get "E",
for example: TÝŽDNE (weeks), STROJE
(machines).

The feminine nouns will get "Y", for
example: ŽENY (women), SESTRY
(sisters), MAMY (mothers), MAČKY (cats),
STOLIČKY (chairs), TAŠKY
(bags). But TVÁRE (faces), POSTELE
(beds) are nouns ending with soft
consonants, and SKÚSENOSTI
(experiences), KOSTI (bones), VECI
(things), BUDÚCNOSTI (futures) are
nouns with consonant endings.

Singular neuter nouns end in "O", "E",
or "IE". If they end in "O", in plural
they end in "Á". For example: LIETADLÁ
(planes), DIVADLÁ (theaters), and "IA",
if they end in "E", or "IE", for
example: MORIA (seas), POLIA (fields),
VYSVEDČENIA (diplomas).

Hard consonants: ch, d, g, h, l, n, t.
Soft consonants: c, č, ď, dz, dž, j, ľ,
ň, ť, š, ž.

Consonants that can be both hard or
soft: b, f, k, m, p, r, s, v, z.

PRONOUNS:

I	ja
you	ty (inf)
he	on
they	oni
she	ona
it	ono

3

```
we        my
you       vy (formal)
they      oni
they      ony(f)
```

Formal VY is used when you address a
stranger, or a person you do not really
know, or a person of authority. This
formal version of 'you', shows respect
and distance. The informal version of
'you', TY, is used to address your
family, good friends or animals. It
shows friendliness, closeness and
familiarity.

POSSESSIVE PRONOUNS:

my	môj(m)	moja(f)	moje(n)	moji(pl)
yours	tvoj	tvoja	tvoje	tvoji
his	jeho			
her	jej			
its	jeho			
our	náš	naša	naše	naši
yours	váš	vaša	vaše	vaši
their	ich			

ADJECTIVES:

Adjectives have three genders.
Masculine singular will end in "Ý", for
example: DOBRÝ (good), PEKNÝ (pretty),
MILÝ (kind). The feminine singular
will end in "Á", for example: DOBRÁ,
PEKNÁ, MILÁ. The neuter singular will
end in "É", for example: DOBRÉ, PEKNÉ,
MILÉ. The masculine plurals will end
in "Í", for example: DOBRÍ,PEKNÍ, MILÍ.
The feminine and neuter plurals will
end in "É", for example: DOBRÉ, PEKNÉ,
MILÉ.

ADVERBS:

The endings are "O" or "E". For example: MILO (kindly), ZDRAVO (healthy), DRAHO (dearly), and PEKNE (nicely), DOBRE (satisfactory), and JASNE (clearly).

COMPARISONS:

Comparisons are formed from adjectives by adding the suffix "ŠÍ" for masculine, "ŠIA", for feminine, and "ŠIE" for neuter. The superior form is created by adding the prefix "NAJ".

(M)	MILÝ	MILŠÍ	NAJMILŠÍ
	(kind)	(kinder)	(kindest)
(F)	MILÁ	MILŠIA	NAJMILŠIA
(N)	MILÉ	MILŠIE	NAJMILŠIE

Exceptions are:

(M)	DOBRÝ	LEPŠÍ	NAJLEPŠÍ
	(good)	(better)	(best)
(M)	ZLÝ	HORŠÍ	NAJHORŠÍ
	(bad)	(worse)	(worst)
(M)	PEKNÝ	KRAJŠÍ	NAJKRAJŠÍ
	(pretty)	(prettier)	(prettiest)

CONJUGATION OF SLOVAK VERBS:

PRESENT TENSE:

VERB	TO BE	TO HAVE	TO WANT
Inf	byť	mať	chcieť
1st Sg	Ja som	mám	chcem
2nd Sg	Ty si	máš	chceš
3rd Sg	On je	má	chce
	Ona je	má	chce
	Ono je	má	chce
1st Pl	My sme	máme	chceme
2nd Pl	vy ste	máte	chcete
3rd Pl	Oni sú	majú	chcú
	Ony sú	majú	chcú

VERB	TO GO	TO LIVE	TO KNOW
Inf	ísť	bývať	vedieť
1st Sg	idem	bývam	viem
2nd Sg	ideš	bývaš	vieš
3rd Sg	ide	býva	vie
1st Pl	ideme	bývame	vieme
2nd Pl	idete	bývate	viete
3rd Pl	idú	bývajú	vedia

VERBS:

The present tense is formed from the infinitive by deleting the ending "Ť" and adding "M" for the first person singular that uses the personal pronoun JA. "Š" is used for the second person singular that uses the personal pronoun TY. There is no ending for the third person singular that uses the personal pronouns ON, ONA, ONO. The ending, "ME" is used for the first person plural that uses the personal pronoun MY. "TE" is used for second person plural that uses the personal pronoun VY, and "JÚ" or "IA" for third person plural.

Past tense is formed from the infinitive by deleting the Ť, and adding endings "L" (m), "LA" (f), "LO" (n), in singular, and "LI" in plural (My, Vy, Oni). For example: to change DAŤ from present to past tense, take the infinitive ending of DA and add "L", for masculine, "LA" for feminine, "LO" for neuter, and "LI" for plural.
IE: dal, dala, dalo, dali/gave
     bral, brala, bralo, brali/took

Future tense is formed with the verb budem, budeš, bude, budeme, budete, budú, and the verb that we want to use.

Only the first verb is conjugated, the second must be in the infinitive form.
IE: Ja budem čítať / I will read

ty budeš čítať / you will read
on bude čítať / he will read
ona bude čítať / she will read
my budeme čítať / we will read
vy budete čítať / you will read
oni budú čítať / they will read

Some verbs have the article "SA" behind
them. This means myself, yourself,
itself, etc. These verbs cannot be
used without this article, otherwise
the meaning is altered. MYŤ SA / wash
myself, but MYŤ / wash means washing
somebody else or something. There are
many irregular Slovak verbs.

Essential Expressions Dôležité Výrazy

Hi	Ahoj, Servus
How are you?	Ako sa máš?
	Ako sa máte?
Good, thank you	Dobre, ďakujem
Good Morning!	Dobré ráno!
Good day	Dobrý deň
Good evening	Dobrý večer
Good night	Dobrú noc
Till tomorrow	Do zajtra
Good bye	Do videnia
Good luck	Veľa šťastia
I wish you a good journey	Želám vám dobrú cestu
Welcome	Vitaj
	Vitajte
Good Appetite	Dobrú chuť
Thank you	Ďakujem
Excuse me	Prepáčte
Could I?	Môžem?
I am sorry	Ľutujem
Yes	Áno
No	Nie
What?	Čo?
Who?	Kto?
Why?	Prečo?
Because	Preto
That's the way it is!	Lebo je to tak!
Good!	Dobre!
Bad	Zle
Can you tell me, please?	Povedzte mi, prosím?
Help me!	Pomôžte mi, prosím!
Is that right?	Je to správne?
Be so kind	Buďte taký laskavý/á
What is that?	Čo je to?
What does that mean?	Čo to znamená?
Where?	Kde?
Where to?	Kam?
How?	Ako?
How far?	Ako ďaleko?
How long?	Ako dlho?
When?	Kedy?

Who is that?	Kto je to?
I can't	Nemôžem
I want to	Chcem
rest	odpočívať
eat	jesť
drink	piť
sleep	spať
Which one?	Ktorý?
All the best!	Všetko najlepšie!
How far?	Ako ďaleko?
Is it close?	Je to blízko?
How much?	Koľko?
I	Ja
You	Ty (informal)
	Vy (formal)
He	On
She	Ona
It	Ono
We	My
They	Oni
Here	Tu
There	Tam
I like it	Páči sa mi
I do not like it	Nepáči sa mi
I want	Ja chcem
I do not want	Ja nechcem
I know	Ja viem
I do not know	Ja neviem
I understand	Ja rozumiem
You do not understand	By nerozumiete
I am sorry to hear that	Ľutujem to počuť
I am grateful	Som zaviazaný (m)
	Som zaviazaná (f)
This is important	To je dôležité
It does not matter	Na tom nezáleží
Please	Prosím
It is nothing	Za nič
No problem	Žiadny problém
Here it is	Tu je to
Here they are	To sú
These	Tieto
This	Ten (m)
	Tá (f)

Everything is fine	Všetko v poriadku
Danger	Nebezpečie
How do you write this	Ako sa to píše

I am cold	Je mi chladno
I am hot	Je mi horúco
I am fine	Je mi dobre
	Som v poriadku
I am tired	Som unavený (m)
	Som unavená (f)
I am sleepy	Som ospalý (m)
	Som ospalá (f)
I am hungry	Som hladný (m)
	Som hladná (f)
I am thirsty	Som smädný (m)
	Som smädná (f)
I am angry	Som nahnevaný (m)
	Som nahnevaná (f)
I am happy	Som šťastný (m)
	Som šťastná (f)
I am sad	Som smutný (m)
	Som smutná (f)
I am surprised	Som prekvapený (m)
	Som prekvapená (f)

Introductions   Zoznámenie

What is your name?	Ako sa voláte?
My name is . . .	Moje meno je . . .
Pleased to meet you	Veľmi ma teší
May I introduce you to . . .	Môžem vás predstaviť…
May I introduce .	Môžem vám predstaviť
my husband	môj muž
my wife	moja žena
my friend	môj priateľ
my family	moja rodina
my acquaintance	môj známy

Personal information   Osobné Informacie

Where are you from?	Odkiaľ ste?
I am from . . .	Som z . . .
America	Ameriky
Canada	Kanady
England	Anglii
What is your	Aká je vaša

nationality?	národnosť?
I am . . .	Ja som…
American	Američan (m)
	Američanka (f)
Canadian	Kanaďan (m)
	Kanaďanka (f)
British	Angličan (m)
	Angličanka (f)
What are you doing? here?	Čo tu robíte?
I am a tourist	Ja som turista
I am studying here	Ja sa tu učím
I am here on business	Ja tu pracujem
What is your profession?	Aké máte povolanie?
I am	Ja som . . .
student	študent (m)
	študentka (f)
teacher	učiteľ (m)
	učiteľka (f)
businessman	obchodník (m)
	obchodníčka (f)
journalist	reportér (m)
	reportérka (f)
nurse	ošetrovateľ (m)
	ošetrovateľka (f)
housewife	gazdiná
doctor	lekár (m)
	lekárka (f)
lawyer	advokát (m)
	advokátka (f)
engineer	inžinier (m)
	inžinierka (f)
politician	politik (m)
	politička (f)
scientist	učenec (m)
	učenkyňa (f)
soldier	vojak
artist	umelec (m)
	umelkyňa (f)
writer	spisovateľ (m)
	spisovateľka (f)
musician	hudobník (m)
	hudobníčka (f)

How long have you been here?	Ako dlho ste tu?
I have been here . .	Ja som tu . . .
a day	deň
a week	týždeň
a month	mesiac
Do you like it here?	Páči sa vám tu?
yes, very much	áno, veľmi
no, not at all	nie, vôbec
I am having a great time	Je, tu výborne
Where are you staying?	Kde bývate?
at the hotel	v hoteli
Are you married?	Ste ženatý? (m)
	Ste vydatá? (f)
yes, I am	áno, som
no, I am not	nie, nie som
Do you have children?	Máte deti?
yes, we have	áno, máme
no, we do not	nie, nemáme
Are you single?	Ste slobodný? (m)
	Ste slobodná? (f)
Are you divorced?	Ste rozvedený? (m)
	Ste rozvedená? (f)
Are you engaged?	Ste zasnúbený? (m)
	Ste zasnúbená? (f)
Are you a widower?	Ste vdovec?
Are you a widow?	Ste vdova?

Countries

Krajina

America	Amerika
Australia	Austrália
Canada	Kanada
China	Čína
Czech Republic	Česká Republika
England	Anglicko
France	Francúzsko
Germany	Nemecko
Hungary	Maďarsko
Ireland	Írsko
Japan	Japonsko
Poland	Poľsko
Russia	Rusko
Slovakia	Slovensko
Spain	Španielsko

Making Oneself Understood	Rozumiete
Do you speak . . .	Rozprávate po . .
English?	anglicky?
Slovak?	slovensky?
German?	nemecky?
French?	francúzsky?
Spanish?	španielsky?

Does someone here speak English?	Rozpráva tu niekdo po anglicky?
only a	len trocha
not at all	vôbec
I can understand but I don't speak it	Rozumiem trocha, ale nerozprávam
Do you understand?	Rozumiete?
I don't understand	Nerozumiem
Please speak more slowly	Prosím, rozprávajte pomalšie
Please repeat that	Prosim, opakujte
Please write it down	Prosim, napíšte to
Translate	Preložte to
What does this mean?	Čo to znamená?
What did be/she say?	Čo on/ona povedal/a?
Please wait till I find it	Prosim počkajte kým nájdem

Your passport please	Váš pas, prosím
Here it is	Tu je
How long are you staying?	Ako dlho tu budete?
a few days	niekoľko dní
a week	týždeň
two weeks	dva týždne
a month	mesiac
family name	priezvisko
first name	krstné meno
address	adresa
birthdate	deň narodenia
place of birth	miesto narodenia
nationality	národnosť
age	vek
sex	pohlavie

religion	náboženstvo
purpose of travel	dôvod cestovania
occupation	povolanie
date of arrival	dátum príchodu
date of departure	dátum odchodu
number of passport	číslo pasu

Customs / Colnica

Customs	Colnica
Have you anything to declare?	Máte niečo na preclenie?
Open this suitcase.	Otvorte kufor.
What is this?	Čo je to?
You have to pay duty on this.	Musíte platiť clo.
It is for my personal use.	To je pre moju osobnú potrebu.
It is a gift.	To je dar.
It is not new.	To nie je nové.
Do you have more luggage?	Máte viac kufrov?
Is that all?	To je všetko?
I have	Ja mám
cigarettes	cigarety
a bottle of wine	fľašu vína
a bottle of alcohol	fľašu alkoholu
I don't understand.	Ja nerozumiem.
Does anyone here speak English?	Rozpráva tu niekto po anglicky?

Baggage / Kufre

Luggage	Zavazadlo
Porter	Nosič
Please carry my bag.	Prosim, vezmite môj kufor.
That is mine.	To je moje.
Take these things to	Zoberte tieto veci
the bus	na autobus
the taxi	do taxíka
How much do I owe you?	Koľko vám platím?
My luggage is lost.	Stratil sa mi kufor.

Currency Exchange   Zámena ˌPeňazí

It is best to change money at the airport or in your hotel. Hours of operation are often irregular, however, so you should plan ahead. Try not to exchange more than you need because the reexchange rate is less than the exchange rate and you will lose money. You will have to present your passport and currency declaration form each time you change money. You may bring in as much foreign currency as you like, but Slovak money is not allowed out of the country.

Currency exchange	Zmena peňazí
Where can I change some money?	Kde môžem zmeniť peniaze?
I'd like to change some dollars.	Chcem zmeniť nejaké doláre.
Can you cash these traveller's checks?	Môžete zameniť tieto cestovné šeky?
What's the exchange rate?	Aká je peňažná mena?
Can you give me smaller bills?	Môžete mi dať menšie bankovky?

Car Rental   Nájom Auta

Driving in Slovakia is only for those with a spirit of adventure. Cars can be rented at the airport, and in a few locations in larger towns, but you must have an international license (can be obtained at most auto clubs). Gasoline stations are scarce, but with proper planning, you should have no problems. Roads are generally in good repair, and suitable maps are available. Road regulations are strictly enforced, and fines must be paid at the point of issue. Driving under the influence is severely punished, and if you will be drinking, you should not be driving.

Car rental	Nájom auta
I'd like to rent a car.	Chcem prenajať auto.
What is the rate	Koľko to stojí
-per day?	-na deň?
-per week?	-na týždeň?
What's the charge per kilometer?	Koľko počítate za kilometer?
Are the prices of gas and oil included?	Je cena benínu a oleja započítaná?
I need it for	Potrebujem to na
a day.	deň.
3 days.	3 dni.
a week.	týždeň.
2 weeks.	2 týždne.
Here is my (international) driver's license.	Tu je môj (medzinárodný) vodičský preukaz.
Here is my credit card.	Tu je moja kreditná karta.
I am not familiar with this car.	Ja nie som oboznámený s týmto autom.
What is this?	Čo je toto?
Explain this to me.	Vysvetlite to mne.
Show me how this mechanism works.	Ukážte mi ako pracuje tento mechanizmus.
Where can I buy gas?	Kde môžem kúpiť benzín?
Do I need anything else?	Potrebujem ešte niečo?
Gas pump.	Čerpadlo.
Service station.	Čerpadlová stanica.
Parking lot.	Parkovisko.

At the Hotel   V Hoteli

Hotel arrangements should be made before you arrive in Slovakia and payment is expected in advance. Many hotels in this country focus on serving western tourists. A variety of services are usually available at your hotel, depending on its size. The larger ones will have a post office, currency exchange office, gift shop, restaurant, bar, dry cleaner, laundry, hair dresser and barbershop. The hotels also usually have an information or service office (INFORMÁCIA) where the staff knows English and can answer your questions, give advice and book tours.

Check In   **Izbu, Prosím**

Upon checking in at your hotel, you will be given something resembling a temporary visa, called a (Dočasné vizum), which you will be expected to show at the door to gain entry to the hotel.

Do you speak English?	Rozprávate po anglicky?
My name is . . .	Moje meno je . . .
I have a reservation.	Mám rezerváciu.
Here are my documents.	Tu sú moje doklady.
I'd like a single/ double bed room.	Chcel by som jednoposteľovú/ dvojposteľovú izbu.
I'd like a room with a double bed.	Chcel by som izbu s manželskou posteľou .
two twin beds.	s dvoma posteľami.
a bath.	s kúpeľňou.
a shower.	so sprchou.
a private toilet.	so sukromným záchodom.
a telephone	s telefónom
a television	s televízorom
a balcony.	s balkónom.
a view.	s výhladom.
Is there	Je tu
room service?	servírovanie do izby?
a dining room?	jedáleň?
air conditioning?	klimatizácia?
heating?	kúrenie?
hot water?	teplá voda?
a garage?	garáž?
May I see the room?	Môžete mi ukázať izbu?
Yes, I'll take it.	Áno, vezmem ju.
No, I don't like it	Nie, nepáči sa mi.

Do you have anything else?	Máte niečo iné?
I asked for a room with a bath.	Pýtal som izbu s kúpeľňou.

REGISTRATION / REGISTRÁCIA

Once your reservation has been confirmed, you will be asked to present your passport and fill out a registration form. Your passport may be kept overnight for processing, but you should be able to pick it up the next day. If you plan to exchange money, be sure you do it before you register, since you'll need your passport to carry out the transaction.

Registration.	Registrácia.
Registration form.	Registračná forma.
Fill out this form.	Vyplňte túto formu.
Sign here.	Podpíšte sa tu.
Your passport, please.	Váš pas, prosím.
How long will you be here?	Ako dlho tu budete?
What does this mean?	Čo toto znamená?
What's my room number?	Aké je číslo mojej izby?
My key, please.	Môj kľúč, prosím.
Take my luggage to my room, please.	Vezmite môj kufor do mojej izby, prosím.
Is there an elevator?	Je tu výťah?

THE STAFF / ZAMESTNANCI

Beyond language, the Slovak standard is politeness, although you may not realize it from the surly attitude of many in the service industry. Nevertheless, it is a good idea to be polite and friendly to the hotel staff, because they can make your stay much more pleasant.

Hall/Floor	Chodba
Doorman	Vrátnik
Porter	Nosič
Maid	Upratovačka

Receptionist	Sekretárka
Phone operator	Telefonistka
Waiter	Čašník
Waitress	Čašníčka
Manager	Riaditeľ

Questions   Otázky

The voltage in Slovakia is 220 AC. The plugs and sockets are like those used in The Western part of Europe, so Americans should bring electrical adaptors and converters for their electrical appliances.

Can you please	Môžete mi
bring me. . .	priniesť . .
a towel?	uterák?
a blanket?	deku?
a pillow?	podušku?
an ashtray?	popolník?
some hangers?	nejaké vešiaky?
some soap?	nejaké mydlo?
Where are the	Kde je záchod?
toilets?	
Where is the . . .	Kde je reštaurácia/
restaurant?/bar?	bar?
post office?	pošta?
information office?	informačná služba?
hair dresser?	kaderník?
barber?	holič?
currency exchange?	výmena peňazí?
office?	úrad?
light switch?	vypínač?
electrical outlet?	zástrčka?

Problems   Problémy

You should be aware that hot water is not always available. It is advisable to inquire about this matter during check-in.

The . . .	Toto . . .
does not work.	nerobí.
shower	sprcha
faucet	kohutík
toilet	záchod
heating	kúrenie
air conditioning	klimatizácia

radio	rádio
television	televízor
telephone	telefón
electrical socket	elektrická zástrčka
There is no . . .	Tu nie je. . .
(hot) water.	(horúca) voda.
lamp.	lampa.
light.	svetlo.
fan.	ventilátor.
The sink is clogged.	Umyvadlo je zapchaté.
The door/window is jammed.	Dvere/okno sa nedajú/nedá otvoriť.
The door does not lock.	Dreve sa nedajú zamknúť.
Can it be repaired?	Dá sa to opraviť?

Check Out

Odchádzam

I am leaving today.	Odchádzam dnes.
tomorrow morning.	zajtra ráno.
Please prepare my bill.	Prosím pripravte môj účet.
Do you accept credit cards?	Môžem platiť kreditnou kartou?
I think there is a mistake.	Myslím, že je tu chyba.
Could you please send someone to get my bags?	Môžete poslať niekoho pre moje kufre?
Where can I get a cab?	Kde môžem nájsť taxík?

At The Restaurant   V Reštaurácii

Eating out can be fun, but do not expect it to be like it is in the West. Restaurants are generally inexpensive, with the exception of some of the regional dining establishments. Usually the restaurant staffs are not known for their eagerness to please, and service can be quite slow. Do not be surprised to be seated at a table

with people you do not know; it is a common
practice in Central and Eastern Europe.
Dishes that do not have prices on the menu,
are priced by weight or by season. Special
orders or changes to menu items could result
in extremely long waits. Payment is made to
the head waiter at the end of the meal.
Tips are generally included in the bill.

Types Of Establishments Druhy Obchodov

- Reštaurácia - Restaurants usually have a
  broad choice of dishes, reservations are
  strongly recommended, and closing time is
  usually 11:00 PM.
- Diétna Reštaurácia - Dietetic restaurants
  specialize in satisfying special needs
  (low fat, no salt, vegetarian meals).
- Kaviareň - Cafes that offer a limited
  menu, but provide music and dancing.
  Customers often arrive early and spend
  the evening.
- Bufet - Inexpensive, limited menu stand-
  up "fast food" like establishments.
- Cukráreň - Coffee shop serving a variety
  of sweets.
- Zmrzlina - Ice cream / soft drink shop.
- Vináreň - Wine cellar serving a wide
  variety of wines, a limited snack menu,
  and lively gypsy music.
- Krčma - Working man's drinking
  establishment.
-

THE PRELIMINARIES   MUSÍM VEDIEŤ

I'm hungry. (m/f)	Som hladný/hladná.
I'd like to eat/drink.	Chcem jesť/piť.
Can you recommend a good restaurant?	Môžete odporúčať dobrú reštauráciu?
Do you serve breakfast/lunch/ dinner?	Podávate raňajky/ obed/večeru.

I'd like to make a reservation.	Chcem spraviť rezerváciu.
There are 2/3/4 of us.	Je nás 2/3/4.
We will arrive at six.	Prídeme o šiestej.
Where is the coat check?	Kde je garderóba?
Coat check number.	Číslo kabáta
Where are the bathrooms?	Kde sú záchody?
Is this place . .	Je toto mieto . .
taken?	obsadené?
reserved?	rezervované?
free?	voľné?
It is . .	To miesto je . .
taken.	obsadené.
reserved.	rezervované.
free.	voľné.
Have a seat!	Sadnite si!
We prefer a table	Radšej máme stôl
in the corner.	v rohu.
by the window.	pri okne.
outside.	vonku.
May we have	Môžeme mať iný
another table?	stôl?
Is smoking permitted here?	Môže sa tu fajčiť?

Ordering

Objednávka

Waiter	Čašník
Waitress	Čašníčka
This way please.	Tadeto, prosím.
May I have a menu, please?	Môžem dostať jedálny lístok?
Have you decided?	Ste hotový/á?
What do you recommend?	Čo odporúčate?
Unfortunately we do not have . .	Nanešťastie nemáme. .
Why not take this instead?	Prečo neobjednáte toto?
What would you like?	Čo by ste chceli?
Go ahead.	Počúvam.

I'll have . . .	Chcem . .
for an appetizer	predjedlo
for the main course	hlavné jedlo
for desert	zákusok
a small portion.	malú porciu.
What would you like to drink?	Čo by ste chceli piť?
I recommend . . .	Odporúčam . . .
That's all, thank you.	To je všetko, ďakujem.

The Meal

Jedlo

Enjoy your meal!	Dobrú chuť!
How is it?	Aké je to?
It's very tasty.	Veľmi je to chutné.
Please pass me…	Prosím, dajte mi…
a cup	šálku
a glass	pohár
a fork	vidličku
a knife	nôž
a spoon	lyžicu
a plate	tanier
a napkin	servítku
an ashtray	popolník
some salt	trochu soli
some pepper	trochu korenia
sugar	cukor
water	vodu
bread and butter	chlieb a maslo
Can I have some more of this?	Môžem mať viacej z tohoto?
Would you like anything else?	Chcete ešte niečo?

Complaints

Ponosy

I have a complaint	Niečo nie je v poriadku
This is…	Je to…
cold	studené
hot	horúce
too spicy	štiplavé
too sweet/salty	veľmi sladké/slané
sour	kyslé
stale	stuchnuté

tough	tvrdé
overdone	veľmi upečené
underdone	surové
This is dirty	Toto je špinavé
I don't like this	Nemám to rád
You can take this away	Môžete to zobrať
There has been a mistake	Je to omyl
This isn't what I ordered	Toto nie je čo som objednal/a
I ordered…	Ja som objednal/a
I don't want it	Nechcem to

Adjectives

Prídavné Mená

angry	nahnevaný/á (m/f)
big	veľký/á (m/f)
bright	svetlý/á (m/f)
colorful	farebný/á (m/f)
dim	tmavý/á (m/f)
dry	suchý/á (m/f)
fat	tlstý/á (m/f)
happy	šťastný/á (m/f)
hard	tvrdý/á (m/f)
long	dlhý/á (m/f)
low	nízky/a (m/f)
moist	vlhký/á (m/f)
narrow	úzky/a (m/f)
poor	chudobný/á (m/f)
pretty	pekný/á (m/f)
rich	bohatý/á (m/f)
sad	smutný/á (m/f)
short	krátky/a (m/f)
slim	chudý/á (m/f)
small	malý/á (m/f)
smart	múdry/a (m/f)
soft	mäkky/a (m/f)
sticky	lepkavý/á (m/f)
stupid	sprostý/á (m/f)
tall	vysoký/á (m/f)
tasty	chutný/á (m/f)
ugly	škaredý/á (m/f)
wet	mokrý/á (m/f)
wide	široký/á (m/f)

The Check   Účet

Tipping is appreciated and often expected
when serving foreigners. Between five and
ten percent is about average for waiters.
More than extra money, people welcome small
gifts and souvenirs. Slovaks are very
hospitable and like to make presents.
Typically things such as needlework,
handicraft wares made of wood and so on.

We've finished.	Skončili sme.
I have had enough.	Mám dosť.
Bring me the check, please.	Doneste mi účet, prosím.
There's been a mistake.	Je to omyl.
How did you get this total?	Ako ste to spočítali?
Is a tip included?	Je spreptiné započítané?
Pay the cashier.	Platte u pokladni.
We'd like to pay separately.	Chceme platiť zvlášť.
Do you accept…	Berete…
traveler's checks?	cestovné šeky?
credit cards?	kreditné karty?
Thank you, this is for you.	Ďakujem vám, toto je pre vás.

Snack Bars and Cafeterias   Bufety a Kaviarne

At Slovak snack bars, just like in the US,
you usually pick up what you want yourself
or else ask someone behind the counter for
it. Be sure to carry small bills with you
because the cashiers very often will not
accept anything larger than a twenty koruna
note.

What's this?	Čo je toto?
Please give me one of those.	Dajte mi jeden z týchto.
I'd like (that) please.	Chcel by som toto, prosím.

Please give me a piece of that.	Prosím, dajte mí kus z tohoto.
May I help myself?	Môžem si sám/sama zobrať?
Just a little.	Len trochu.
A little more, please.	Trochu viac, prosím.
Enough?	Dosť?
Anything else?	Ešte niečo?
That's all, thank you.	To je všetko, ďakujem.
How much is it?	Koľko to stojí?
Is that to go?	Môžem si to zobrať so sebou?

Food And Drinks   Jedenie a Pitie

The main thing to keep in mind with regard
to the various foods and drinks listed in
this chapter is their limited availability.
Not everything will be available everywhere
you go, so be prepared to experience new
foods and methods of preparation. Most
Slovak national dishes are very good.

Breakfast   Raňajky

Where can I have breakfast?	Kde môžem raňajkovať?
What time is breakfast served?	O koľkej sa podávajú raňajky?
How long is breakfast served?	Do koľkej podávajú raňajky?
I'd like…	Chcel/a by som…
(black) coffee	(Čiernu) kávu
with milk	s mliekom
with sugar	s cukrom
without sugar	bez cukru
tea	Čaj
with lemon	s citrónom
with milk	s mliekom
with honey	s medom
with sugar	s cukrom
cocoa	horúcu čololádu
milk	mlieko
juice	džús/šťavu
orange	pomarančovú
grapefruit	grapfrutóvú

apple	jablčnú
apricot	marhuľovú
yogurt	jogurt
bread	chlieb
toast	hrianka
a roll	žemľa/rohlík
butter	maslo
cheese	syr
pot cheese	tlačenka
jam	lekvár
honey	med
hot cereal	kašu
hot rice cereal	ryžová kaša
farina (grits like)	krupičná kaša
oatmeal	ovsenná kaša
eggs	vajcia
scrambled eggs	škvarelina
a fried egg	volské oko
eggs - soft boiled/	vajce -uvarené na
hard boiled	mäkko/na tvrdo
salt/pepper	soľ/korenie

Appetizers ## Predjedlá

Slovak appetizers are quite hearty and may often seem like an entire meal onto themselves.

Appetizers	Predjedlá
For an appetizer I want...	Ako predjedlo chcem...
(black/red) caviar	(čierny/červený) kaviár
cold roast beef with vegetables	roštenka s zeleninou
assorted meat/fish plate	rozličné mäsá/ryba
smoked/pickled herring	udenáč/haring
meat	mäso
ham	šunka
sausage	klobása
salad	šalát
cucumber salad	uhorkový šalát
tomato salad	paradajkový šalát
potato salad	zemiakový šalát
fish salad	rybí šalát
mixed vegetables	miešaná zelenina

sauer kraut	kyslá kapusta
sweet cabbage	sladka kapusta
pickles	uhorka
cheese	syr

Soups

Polievky

For the first course I want…	Najpvr by som chcel/la
Please bring me some…	Prosím, prineste mi…
chicken bouillon	slepačí vývar
beef bouillon	hovädzí vyvar
cabbage soup	kapustnicu
chicken soup with noodles	slepačiu polievku so slížami/ rezancami
with rice	ryžou
vegetable soup	zeleninovú polievku
fish soup	rybaciu polievku
mushroom soup	hríbovú polievku
pea soup	hrachovú polievku
lentil soup	šošovicovú polievku
potato soup	zemiakovú polievku

Grains and Cereals

Zrno a Kaša

I'd like…	Chcel/a by som…
rice	ryžu
pasta	špagety/makaróni
potatoes	zemiaky
fried	vysmažené
boiled	uvarené
baked	pečené
mashed	zemiakovu kašu
french fries	zemiakové hranolky

Vegetables

Zelenina

What kind of vegetables do you have?	Akú zeleninu máte?
Cabbage	Kapusta
Red Cabbage	Červená Kapusta
Beets	Cvikla /
Tomatoes	Paradajky
Potatoes	Zemiaky

Radishes	Redkvičky
Cucumbers	Uhorky
Mushrooms	Hríby
Peas	Hrach
Green beans	Strúčková fazuľa
Wax beans	Fazuľa
Carrots	Mrkva
Onions	Cibuľa
Leeks	Zelená cibuľka
Corn	Kukurica
Green Peppers	Zelená paprika
Red peppers	Červená paprika
Parsley	Petržlen
Garlic	Cesnak
Cauliflower	Karfiól
Horseradish	Chren
Turnips	Kaleráb

Preparations / Príprava

How is this dish prepared?	Ako je toto pripravené?
It's...	Je to...
baked	upečené
boiled	uvarené
breaded	obalené v prézlach
chopped	zomleté
ground	postrúhané
fried	vysmažené
raw	surové
roasted	pečené
smoked	udené
steamed	parené
stuffed	plnené

Meat and Meat Dishes / Mäso a Mäsové Výrobky

For the second course I want...	Ako hlavné jedlo chcem...
What kind of meat do you have?	Aké druhy mäsa máte?
What kind of meat dishes do you have?	Aké máte jedlá s mäsom?
Mutton	Baranina
Lamb	Jahňa

Lamb chop	Barania kotleta
Beef	Hovädzie
Pork	Bravčové
Pork chop	Bravčové kotlety
Veal	Teľacie
Veal cutlet	Teľacie kotlety
Ham	Šumka
Roast beef	Roštenka
Meat patties	Fašírka
Beefsteak	Bifštek
Bacon	Slanina
Kolbasy	Klobása
Sausages	Hurka
Shnitzel	Šnicel
Meat stew/ Goulash	Guláš
Liver	Pečienka
Kidneys	Ladviny
Cutlet	Kotleta
Shish kebob	Šiškebab
Cabbage rolls with meat	Plnená kapusta

Poultry and Game

Hydina

What kind of poultry/wild game dishes do you have?	Aké máte jedlá s hydinou?
Chicken	Sliepka
Duck	Kačica
Goose	Hus
Turkey	Morka
Pheasant	Bažant
Rabbit	Zajac
Venison	Jeleň
Pigeon	Holub

Fish and Seafood

Ryba a Morské Jedlo

What kind of fish do you have?	Aké máte jedlá s rybou?
I'll take…	Chcel by som…
carp	kapor
cod	treska
pike	šťuka
trout	pstruh
herring	haring
salmon	losos

seafood	morské jedlo
crayfish	rak
oysters	ústrice

Fruit — Ovocie

Some restaurants do not offer fresh fruit on their menus, but you may buy it at the public markets, snack bars and kiosks.

What kind of fruit do you have?	Aké máte ovocie?
Is it fresh?	Je to čerstvé?
Apples	Jablká
Oranges	Pomaranče
Tangerines	Mandarínky
Pears	Hrušky
Peaches	Broskyne
Plums	Slivky
Melon	Melón
Watermelon	Dyňa
Bananas	Banány
Apricots	Marhule
Pineapple	Ananás
Grapes	Hrozno
Raisins	Hrozienka
Figs	Figy
Dates	Datle
Lemon	Citrón
Grapefruit	Grapfrut
Prunes	Sušené slivky
Currants	Ríbezle
Strawberries	Jahody
Wild Strawberries	Jahôdky
Cranberries	Brusnice
Cherries	Čerešne
Sour cherries	Višne
Raspberries	Maliny
Blueberries	Čučoriedky
Gooseberries	Egreše

Dessert — Núčnik

Slovaks claim that their ice cream, sold at kiosks year round, is the best in the world. Whether you agree or not, it is certainly worth a taste

What do you have for desert?	Aký zákusok chcete?
I'd like…	Chcel by som…
ice cream	zmrzlina
a cookie	keks
pie	štrudľa
pastry	múčnik
cake	torta
stewed fruit	kompót
thin pancakes with jam	palacinka s lekvárom
thin fruit jelly	s ovocím
marzipan pastry	marcipán
filled doughnuts	šišky
an éclair	krémeš
chocolate	čokoláda
pudding	puding

Drinks — Pitie

Coffee and tea are very popular. Coffee is very strong and good, but it is expensive. Tea is usually served presweetened with honey, jam, or sugar. Bottled fruit juices and waters are also very popular, but iced and cold drinks are not.

What do you have to drink?	Čo by ste chceli piť?
Please bring me…	Prosím, prineste mi…
(black) coffee	(čierná) káva
with milk	s mliekom
with sugar	s cukrom
without sugar	bes cukru
tea	čaj
with lemon	s citrónom
with milk	s mliekom
with honey	s medom
water	voda
a soft drink	sóda
I'd like a glass of…	Chcel by som pohár
milk	mlieka
lemonade	limonády

I'd like a bottle of mineral water	Chcel by som fľašu minerálnej vody
I'd like a bottle of juice...	Chcel by som fľašu šťavy...
apple	jablková
cherry	čerešňová
grape	hrozňová
grapefruit	grapfrutová
orange	pomarančová
pear	hrušková
plum	slivkova
apricot	marhuľová

Alcoholic Drinks   Liehoviny

The most popular Slovak wines come from Pedinok and Modra. Plum brandy is the most popular drink, however, Juniper brandy is a unique treat that you should experience. Beer is typically served with meals.

Do you serve alcohol?	Podávate alkohol?
Which wine would you recommend?	Aké víno odporúčate?
How much is a bottle...	Koľko stojí fľaša...
I'd like a glass/ bottle of...	Chcel/a be som fľašu /pohár...
wine	víno
red wine	červené víno
white wine	biele víno
dry wine	víno
sweet wine	sladké víno
Champagne (sparkling wine)	Šampanské
beer	pivo
plum brandy	slivovica
whiskey straight up	visky
with ice	s ľadom
with soda	so sódou
conac	koňak
juniper brandy	borovička
rum	rum

Toasts   Priania

To your health!	Na zdravie
To peace and friendship!	Na mier a priateľstvo!

I wish you happiness/ health/ success!	Želám vám šťastie/ zdravie/ úspech!
Congratulations!	Blahoželám vám!

SERVICES
Currency Exchange

Služby
Zámena Peňazí

If you do not exchange your money upon arrival at the airport or in your hotel, you may also exchange it at exchange offices or banks. Be forewarned, however, that they are less common than in the west. Trading or exchanging money with individual people is illegal.

Curency exchange	Zámena peňazí
Where can I exchange money?	Kde môžem zameniť peniaze?
Where can I find the nearest foreign-trade band?	Kde je najbližšia banka, kde môžem zameniť peniaze?
When does the bank open?	Kedy sa banka otvára?
How late is the bank open?	Kedy sa banka zatvára?
The bank is open from 9:30 AM to 1:00 PM.	Banka je otvorená od 9:30 ráno do 13:00 poobede.
What is the exchange rate for dollars (today)?	Aká je zámenná hodnota za doláre (dnes)?
I'd like to cash some traveler's checks.	Chcel/a by som zameniť cestovné šeky.
Can I purchase an international money order here?	Môžem tu kúpiť medninárodný poštový šek?
What's the charge?	Koľko sa za to platí?
I'm expecting money from America.	Čakám peniaze z Ameriky.
Has it arrived?	Prišli?
Go to the cashier's office.	Choďte k pokladni.

Where is the cashier's office?	Kde je pokladňa?
When is the cashier open?	Kedy je pokladňa otvorená?
Are you the cashier? (f)	Ste pokladníčka?
Here's my identification.	Tu sú moje doklady.
Here's my passport.	Tu je môj pas.
Where do I sign?	Kde sa mám podpísať?
May I please have large bills?	Dajte mi prosím väčšiu hodnotu bankoviek?
May I please have small bills?	Dajte mi prosím menšiu menu peňazí?
Can you give me small change?	Môžete mi dať drobné?
I think you've made a mistake.	Myslím, že ste urobili chybu.

Mail

Pošta

In addition to the regular postal services, the main branch post office provides international telegram and telephone services, as well. In Bratislava, the main post office is open twenty-four hours. Packages to be sent out of Slovakia must be brought to a post office unwrapped. There they will be weighed, inspected, wrapped and stamped.

Post office	Pošta
Letter/Letters	List/Listy
Where's the nearest post office?	Kde je najbližšia pošta?
Where is the main post office?	Kde je hlavná pošta?
When does the post office open/close?	Kedy sa otvára/ zatvára poštový úrad?
The post office is open from 9 to 6.	Pošta je otvorená od 9:00 do 18:00.
Where can I find a mailbox?	Kdo môžem nájsť poštovú schránku?

Can I buy… here?	Môžem tu kúpiť…
envelopes	obálky?
post cards	pohľadnice?
stamps	známky?
Please give me ten airmail stamps for letters/post cards to the USA.	Dajte me desať leteckých známok pre listy/ pohľadnice do USA.
I'd like to send…	Chcel/a by som poslať
this letter/post card by…	tento list/ pohľadnicu
surface mail	poštou
airmail	leteckou poštou
registered mail	rekomendo
special delivery	doporučene
Will this go out today?	Pôjde to dnes?
I'd like to send this to…	Chcel/a by som toto poslať…
America	do Ameriky
Canada	do Kanady
England	do Anglicka
Germany	do Nemecka
France	do Francúzska
I'd like to send this parcel	Chcel/a by som poslať tento balík
It contains books/ souvenirs/fragile material	Sú v ňom knihy/ suveníry/je to rozbitné
Wrap it up, please.	Zabaľte to prosím.
Write the address here.	Napíšte adresu tu.
Return address.	Spiatočná adresa.
Have I received any mail?	Dostal som nejakú poštu?
My name is…	Moje meno je…
Here is my passport.	Tu je môj pas.

Telegrams / Telegramy

Most larger post offices have a telegraph department.

I'd like to send a telegram.	Chcem poslať telegram.
Where can I send a telegram?	Odkiaľ môžem poslať telegram?

May I have an international form?	Dajte mi medzinárodnú listinu, prosím.
What is the rate per word?	Koľko sa platí za slovo?
What will the total cost be?	Koľko platím za všetko?
How long will it take to reach the USA/England?	Kedy to príde do Ameriky/Anglicka?

Telephones   Telefóny

Phonebooks exist in Slovakia, but they are not available in every hotel room. Local calls can be made at any time from any phone. International calls, however, can only be made by reservation at the telephone office of the main post office or through your hotel. They must be booked in advance. To make a local call from a phone booth, you first drop in a coin, pick up the phone, wait for a long continuous buzz, then dial. Long signals mean the phone is ringing; shorter ones mean the line is busy.

Public phone	Verejný telefón
Where's the nearest telephone?	Kde je najbližší telefón?
May I use your phone?	Môžem zavolať od vás?
Hello (on the phone)	Haló
Who is this?	Kto hovorí?
This is…	Toto je…
My name is…	Volám sa…
I'd like to speak to…	Chcel/a by som hovoriť s …
He/she isn't in.	On/ona nie je tu.
When will he/she return?	Kedy sa on/ona vráti?
Tell him/her that I called.	Povedzte mu/jej že som volal/a.
Take a message, please.	Povedzte toto…prosím.
My number is…	Moje telefónne číslo je…
Ask him/her to call me back.	Poproste ho/ju zavolať mňa.

I don't understand.	Nerozumiem
Do you speak English?	Rozprávate po anglicky?
I can't hear you.	Nepočujem vás.
Can you speak slowly/louder?	Rozprávajte pomalšie/hlasnejšie.
With whom do you want to speak?	S kým chcete rozprávať?
You've got the wrong number. Dial again.	To je omyl. Zavolajte znovu.
The number has been changed.	Číslo sa zmenilo.
The phone is broken.	Telefón je pokazený.
Long-distance phone call.	Medzimestské hovory.
International phone call.	Medzinárodné hovory.
Can I dial direct?	Môžem sám/sama zavolať?
Operator, please get me this number.	Telefonistka, prosím dajte me toto číslo.
I'd like to order a phone call to the USA.	Chcel/a by som objednať telefonát do Ameriky.
How much does a call to New York cost?	Koľko stojí zavolať do New Yorku?
What number are you calling?	Aké číslo voláte?
Do I have to wait long?	Musím čakať dlho?
How long do you want to speak?	Ako dlho chcete hovoriť?
Wait a minute.	Počkajte minútu.
Your call is in booth No. 2.	Váš telefonát je v kabíne číslo dva.
Your time is up.	Váš čas sa skončil.
How much did the call cost?	Koľko stál telefonát?
There's a call for you.	Máte telefonát.
Hold on. please.	Nezložte prosím.
It's busy.	Je obsadené.
There's no answer.	Nikto neodpovedá.
I can't get through.	Nemôžem sa dovolať.
We've been cut off.	Prerušili nás.

Dry Cleaning and Laundry

Laundry and dry cleaning services are often available in you hotel. Ask the desk attendant for details and assistance.

Where can I get my laundry washed?	Kde môžem oprať bielizeň?
Where is the nearest dry cleaner?	Kde je najbližšia čistiareň?
I need these things…	Potrebujem tieto veci…
dry cleaned	vyčistiť
washed	oprať
ironed	vyžehliť
No starch, please	Nie škrob, prosím
Can you get this stain out?	Môžete vyčistiť túto škvrnu?
Can you mend/sew this?	Môžete toto zaštopkať/zašiť?
Sew on this button, please.	Prišite tento gombík, prosím.
When will it be ready?	Kedy to bude hotové?
Is my laundry ready?	Je moja bielizeň hotová?
How much do I owe you? (f)	Koľko vám dlhujem?
This isn't mine.	Toto nie je moje.
I'm missing something.	Chýba me niečo.
This is torn.	Toto je roztrhnuté.
Can I borrow…	Môžem požičať…
a needle and thread?	ihlu a cvernu?
scissors?	nožnice?

Optician

Optik

Optician	Optika
Where can I find an optician?	Kde môžem nájsť optiku?
I have broken my glasses.	Zlomili sa mi okuliare.
The frame is broken.	Rám je zlomený.
Then lenses are broken.	Slko sa rozbilo na okuliaroch.

Can you fix them?	Môžete ich opraviť?
How long will it take?	Ako dlho to potrvá?
Here's my prescription.	Tu je môj recept.
I've lost/ripped a contact lens.	Ja som stratil/ roztrhol moju konktaktnú čočku.
Can you replace it?	Máte takú čočku?
I have hard/soft lenses.	Ja mám tvrdé/mäkké čočky.
Do you sell contact lens fluid?	Máte tekutinu pre konktaktné čočky?

Shoe Repair / Oprava Obuvy

Shoe Repair.	Opravovňa obuvy.
Shine my shoes, please.	Vyčistite mi topánky, prosím.
Can these shoes be repaired?	Dajú sa tieto topánky opraviť?
I need new soles/ heels.	Potrebujem nové podošvy/opätky.
The heel/strap broke.	Opätok sa zlomil/ remienok sa roztrhol.
Can this be sewn up?	Môže sa toto zašiť/ opraviť?
How much will it cost?	Koľko to bude stáť?
When will they be ready?	Kedy to bude hotové?

Barber / Hairdresser / Holič / Kaderník

Barber/Hairdresser	Holič/Kaderník
Where is the nearest barber?	Kde je tu najbližší kaderník?
Is there a hair dresser in the hotel?	Je kaderník v hoteli?
Can I make an appointment for Monday?	Môžem si spraviť rezerváciu na pondelok?
Have a seat	Sadnite si
Haircut/Hair style	Ostrihať sa/Učesať sa
Part (hair)	Rozdeliť vlasy

Dye	Zafarbiť
A hair cut, please.	Ostrihajte ma, prosím.
Just a trim.	Len zarovnať.
Take a little off the sides, please.	Zastrihnite na bokoch, prosim.
Not too short.	Nie veľmi krátko.
Just a little more, please.	Trochu viac, prosím.
Shampoo and set, please.	Umyť a vodovú, prosím.
Blow-dry my hair.	Vysušte mi vlasy.
A shave, please.	Oholte ma, prosím.
Trim my beard/mustache/sideburns.	Zastrihnite mi bradu, fúzy, bokonbrady.
Dye my hair in this color.	Zafarbite mi vlasy touto farbou.
I would like a facial /manicure/permanent	Chcela by som masáž tvári/manikúru/ trvalú, prosím.
Thank you	Ďakujem
How much do I owe you? (f)	Koľko som vám dlžná?

Film Development — Vyvolanie Fotografii

It is best to bring enough film and photography supplies from home to supply you for your entire trip. If you do purchase Slovak film, be sure to have it developed at a "photo laboratory" before you leave, as their processing procedure differs from ours. It is impolite to photograph people without their permission.

Photography	Fotografie
Camera	Fotoaparát
Film	Film
Black and white film	Čierno-Biely film
Color film	Farebný film
Thirty-six exposures	Tridsať šesť obrázkov.
How much does processing cost?	Koľko stojí vyvolanie?
I'd like this enlarged.	Chcel by som toto zväčšiť.

| I'd like another copy of this print. | Chcel by som ešte jednu kópiu. |
| When will they be ready? | Kedy budú hotové? |

Transportation   Doprava

Public transportation in Slovakia is cheap, clean, and efficient. Busses, street cars and trolleys are inexpensive, and run from 6:00 AM until 1:00 AM. Tickets are usually purchased on board or at the bus stops, shops, and other places. If the bus or trolley is crowded, it is common practice to merely pass the money towards the direction of the driver who sells tickets and your ticket will be passed back to you. Spot checks are done occasionally and passengers without tickets are fined. Stops are well marked with signs. These signs also carry the name of the stop, the name of the terminal stop, and time table or interval between busses. The routes are denoted by numbers. If a passenger asks you if you are getting off and you are not, it is expected that you will move out of the way for him to get by.

Buses, Street Cars, and Trolleys
Autobus, Električka, Trolejbus

Bus	Autobus
Street Car	Električka
Trolley	Trolejbus
Where is the bus/ street car/ trolley stop?	Kde je zástavka autobusa/elek- tričky/trolejbusa?
How often does the bus/street car/ trolley run?	Ako často chodí autobus/električka /trolejbus?
When's the next bus?	Kedy príde ďalší autobus?
Bus driver	Vodič
Fare	Cestovné
Monthly pass	Mesačný lístok
Cash box	Pokladnica

Pass me a ticket, please	Pojajte me lístok, prosím.
What bus do I take to the main station?	Ktorý autobus ide na hlavnú stanicu?
Do I have to transfer?	Musím prestupovať?
Does this bus go near Komenius University?	Ide tento autobus ku Komenského Univerzite?
How many stops until we reach the center of town?	Koľko zástavok kým prídeme do stredu mesta?
You've gotten on the wrong bus.	Nastúpili ste na nesprávny autobus.
Can you tell me where to get off?	Môžete me povedať, kde mám vystúpiť?
You've missed your stop.	Zmeškali ste vašu zástavku.
Are you getting off?	Vystupujete?
I want to get off here/at the next stop.	Chcem vystúpiť tu/ na budúcej zástavke.
Excuse me, can I get through?	Prepáčte, dovoľte mi prejsť.
Excuse me, I'm getting off at the next stop.	Prepáčte, vystupujem na budúcej.
Just a minute! I'm getting off now.	Chvíľku! Teraz vystupujem.

Taxi   **Taxík**

In addition to being ordered by phone, taxis can be found in front of major hotels and at taxi stands. A small, green light in the front window means that the cab is available. It is common to share a cab with strangers.

Taxi	Taxík
Taxi stand	Zástavka taxíkov
Where can I get a taxi?	Kde môžem nájsť taxík?
Where is the nearest taxi stand?	Kde je najbližšia zástavka taxíkov?
Please call me a taxi.	Prosím, zavolajte mi taxík.

Are you free?	Ste voľný?
Where do you want to go?	Kde chcete ísť?
Here's the address.	Na túto adresu.
To the Opera Theater, please.	Do národného divadla, prosím.
How much will the ride cost?	Koľko to bude stáť?
Can you get my bags, please.	Môžete zobrať moje kufre?
I'm (not) in a hurry.	Neponáhľam sa.
Stop here.	Tu zastavte.
Wait for me here.	Počkajte na mňa tu.
I'll be back in a couple of minutes.	Vrátim sa za niekoľko minút.
Keep the change.	To je dobré.
Thank you.	Ďakujem.
Welcome/Goodbye.	Prosím/Do videnia

Boats

Lode

Boat/Motor boat	Loďka/Motorová loďka
Ship/Steamship	Loď
Tour	Exrurzia
When does the next leave?	Kedy odchádza ďalšia loď?
Where do we get tickets?	Kdo môžeme kúpiť lístky?
How much are the tickets?	Koľko stoja lístky?
Where is the pier?	Kde je nástupište?
How long is the trip?	Ako dlho trvá výlet?
Where do we stop?	Kde pristaneme?
Deck	Paluba
Cabin	Kajuta
Life jacket	Záchranná vesta
Lifeboat	Záchranná loďka
I feel seasick	Chce sa mi vracať.

Trains

Vlaky

Like all long-distance travel in Slovakia, train trips must be reserved in advance. You can usually make reservations through your hotel.

Train	Vlak
Train station	Stanica vlakov
Ticket office	Pokladňa
When does the ticket office open?	Kedy sa otvára pokladňa?
Reservation office	Pokladňa lístkov
Information office	Informácie
Express long-distance train	Rýchlik
Standard long-distance train	Osobný vlak
Local train	Električka
Deluxe class	Medzinárodný vagón
First class	Prvá trieda
Second class	Druhá trieda
One-way ticket	Len tam
	Jedným smerom
Round-trip ticket	Spiatočný lístok
Time table	Rozvrh vlakov
Departure time	Čas odchodu
Arrival time	Čas príhodu
When is the next train to Košíc?	Kedy odchádza ďalší vlak to Košíc?
Is it a direct train?	Je to priame spojenia?
Do I have to change trains?	Musím prestupovať?
What's the fare to Presov?	Koľko stojí lístok do Prešova?
I'd like to reserve a seat.	Chcem rezervovať miesto.
I'd like to reserve a berth in the sleeping car.	Chcem rezervovať miesto v spacom vagóne.
From what platform does the train to Piestany leave?	Z ktorého nástupišťa odchádza vlak do Piešťan?
When does the train arrive in Bratislava?	Kedy príde vlak do Bratislavy?
Are we on time?	Príde vlak načas?
The train is twenty minutes late.	Vlak mešká dvadsať minút.
Where are we now?	Kde sme teraz?
How long do we stop here?	Koľko tu stojíme?

Is there time to get off?	Máme dosť času vystúpiť?
Is this seat taken?	Je toto miesto obsadené?
This is my seat.	Toto je moje miesto.
Am I bothering you?	Ruší vás toto?
Can I open/shut the window?	Môžem otvoriť/zatvoriť okno?
Can I turn out/on the light?	Môžem zažať/zhasnúť svetlo?
I'd like the top/bottom bunk.	Chcel by som vrchnú/spodnú posteľ.
We'd like some tea.	Chceli by sme čaj.
Two glasses, please.	Dva poháre, prosím.
Where is the…	Kde je…
baggage room?	Uschovňa batožín?
snack bar?	bufet?
bathroom?	záchod?
conductor?	konduktor?
ticket checker?	kontrolór?
porter?	nosič?
platform?	nástupište?
gate?	vchod?
waiting room?	čakáreň?
sleeping car?	spací vózeň?
dining car?	jedálny vozeň?
smoking car?	môže sa tu fajčiť?
my sleeping compartment?	moje spacie kupé?
Have a good trip!	Šťastnú cestu!

Planes / Lietadlá

The hotel desk clerk can help you make airline reservations.

Plane	Lietadlo
Airport	Letisko
Arrival	Príchod
Departure	Odchod
Boarding pass	Letenka
I'd like to make a reservation.	Chcem rezervovať letenku.

I'd like a flight to Poprad.	Chcel/a by som letieť do Popradu.
Is there a direct flight?	Je to priame spojenie?
How long is the lay-over?	Ako dlho tam musím čakať?
When is the next flight?	Kedy letí ďalšie lietadlo?
Is there a connection to Nitra?	Je tam spojenie do Nitry?
One-way ticket	Len jedným smerom
Round-trip ticket	Spiatočný lístok
Is flight (No. 5) on time?	Je let čislo päť načas?
I'd like to change/ confirm my flight.	Chcel/a by som zmeniť/potvrdiť môj let.
I'd like to cancel my reservation.	Chcel/a by som zrušiť moju rezerváciu.
How much luggage am I allowed?	Koľko kufrov môžem mať?
What's the flight number?	Aké je číslo letu?
What gate do we leave from?	Z ktorého východu odchádza?
Boarding gate	Odchod lietadla
What time do we leave/arrive?	O koľkej odchádzame/ príchádzame?
What time should I check in?	O koľkej môžem doniesť moje kufre?
Call the stewardess	Zavolajte stevardku
Fasten your seat belts.	Zapnite si remeň.
Will there be food served?	Dostaneme nejaké jedlo?
Can I smoke on board?	Môžem tu fajčiť?
Is there a bus from the airport into the city?	Ide autobus z letiska do mesta?

Sightseeing & Relaxing
Asking directions

Pamiatky & Oddych
Pýtame Sa Smer

I'm lost (m/f)	Zablúdil/a som.
Excuse me	Pardón/Prepáčte
Can you tell me how to get to…	Môžete mi povedať ako sa dostanem…
this street?	na túto ulicu?
the center of town?	do stredu mesta?
I'm looking for…	Hľadám…
Am I going in the right direction?	Idem správnym smerom?
Do you know where… is?	Viete kde je to?
Is it far?	Je to ďaleko?
Is it close?	Je to blízko?
Can I walk there?	Môžem tam ísť pešo?
It would be best to take the bus or a taxi.	Bude lepšie keď pôjdete autobusom alebo taxíkom.
What street is this?	Ako sa volá táto ulica?
Please show me on the map where I am.	Prosím, ukážte mi na mape kde som.
Go straight ahead.	Choďte rovno.
Go in this/that direction.	Choďte týmto smerom.
Turn left/right…	Choďte doľava/doprava…
at the next corner.	na najbližšom rohu
at the light.	pri semafóre.
Take this road.	Choďte touto cestou.
You have to go back.	Musíte sa vrátiť/ísť naspäť.
You are on the wrong bus.	Tento autobus nejde tam, kde vy chcete ísť.
Do I have to transfer?	Musím prestúpiť?
North/South	Sever/Juh
East/West	Východ/Západ
It's there…	Je tam…
on the right/left.	vpravo/vľavo.
After/Behind…	Za/Vzadu
Next to/Opposite…	Pri/Naproti

There it is
This/that way

Tam je to
Tadeto

Taking a Bus Trip

Autobusový Výlet

Your hotel desk peson can assist you in signing up for tours and bus trips.

What sights should
we see?

Čo uvidíme?

Where can I sign up
for an excursion?

Kde sa môžem zapísať
na tento výlet?

What excursiion do
you suggest?

Ktorú exkurziu
odporúčate?

I want to take a bus
trip around the
city.

Chcel/a by som ísť
autobusm do celom
meste.

I'd like to sign up
for this excursion.

Chcel/a by som sa
zapísať na výlet?

Do I have to sign up
in advance?

Mal/a by som sa
zapísať dopredu?

What does a ticket
cost?

Koľko stojí lístok?

When does it leave?

O koľkej odchádzame?

How long does it
last?

Ako dlho to trvá?

When do we get back?

O koľkej sa vrátime?

Will we stop some-
where for lunch?

Zastavíme sa niekde na
obed?

From where does the
excursion leave?

Odkiaľ odchádza auto-
bus na tento výlet?

Tour guide.

Sprievodca.

Is there an English
speaking guide?

Rozpráva sprievodca po
anglicky?

Will we have free
time there?

Budeme mať voľný čas?

When should we be
back on the bus?

O koľkej sa máme
vrátiť na autobus?

Taking a Walking Tour

Ideme Peši

When does it open/
close?

O koľkej sa to otvára/
zatvára?

I want to sign up
for a tour.

Chcem sa zapísať na
exkurziu.

When does it start/end?	Kedy sa to začína/končí?
What is the cost?	Koľko to stojí?
Free Admission Do you sell guide books in English?	Zadarmo Predávate knihy o pamiatkách po anglicky?
Is there a map?	Je tam mapa?
In front of…	Pred…
To the rear of…	Vzadu…
In the middle of…	V prostriedku…
On the left of…	Vľavo…
On the right of…	Vpravo…
Where can I buy postcards?	Kde môžem kúpiť pohľadnice?
May I see what post cards you have for sale?	Môžem vidieť pohľadnice, ktoré predávate?
I'd like to buy this set.	Chcem kúpiť toto.
How much is it?	Koľko to stojí?
Can I take pictures?	Môžem tu fotografovať?
No cameras allowed.	Fotografovať zakázané.
I want to see the sights.	Chcel/a by som vidieť pamiatky.
Let's go for a walk.	Poďme sa poprechádzať.
What kind of… is that?	Aký druh … je to?
animal	zvieraťa
bird	vtáka
fish	ryby
flower	kvetov
tree	stromov
We don't have those at home.	My nemáte také u nás.
What a beautiful view!	Aký krásny výhľad!
What's that building?	Aká budova je to?
When was it built?	Kedy to bolo postavené?
Who built it?	Kto to postavil?
Who was the architect/artist?	Ako sa volal ten architekt/umelec?
When did he/she live?	Kedy on/ona žil/a?
Where's the house where… lived?	Kde je dom, kde … žil/a?

Can we go in?	Môžem ísť dovnútra?
Very interesting.	Veľmi zaujímavé.
It's…	To je …
beautiful	krásne
ugly	škaredé
wonderful	báječné
horrible	hrozné
great	výborné
terrible	strašné
amazing	čarovné
strange	divné
cute	milé
foreboding	hrozivé
Let's rest	Oddýchnime si
I'm tired	Som unavený/á
I'm bored	Nudím sa

Worship Services   Omše

Most places of worship do not mind visitors, as long as you observe their customs and do not disturb their services. It is good practice for women to dress conservatively. Taking pictures inside churches is usually not permitted.

Worship services	Omša
Monastery	Kláštor
Cathedral	Chrám
Church	Kostol
Synagogue	Sinagóga
Orthodox	Pravoslávny
Saint	Svätý
Altar	Oltár
Incense	Vôňa
Candle	Sviečka
Contribution	Almužna
Prayers	Motlidba
Prayer book	Modlitebná knižka
Rabbi	Rabín
Priest	Farár
When's the service?	Kedy bude omša?
I want to look around the church.	Chcem sa poobzerať po kostole.

May I take a picture?	Môžem to fotografovať?
No cameras allowed.	Fotografovať zakázané.
Cemetary	Cintorín
Grave	Hrob
Tombstone	Pomník

Outdoor Recreation / Rekreácia V Prírode

I enjoy…	Mne sa páči
running	behať
cycling	bicyklovať
tennis	hrať tenis
horseback riding	hazdiť na koni
swimming	plávať
sailing	jazdiť na plachetnici
mountain climbing	horolezectvo
skiing	lyžovať
skating	korčuľovať sa
I want to play tennis.	Chcel/a by som hrať tenis.
Can we rent racquets?	Môžeme niekde požičať tenisové rakety?
Are there courts here?	Sú tu tenisové kurty?
Is there a swimming pool here?	Máte tu bazén?
Can one go swimming here?	Môže sa tu kúpať?/ Je plávanie bezpečné?
Is the water here deep?	Je tu hlboká voda?
Is the water cold?	Je voda studená?
No swimming.	Plávanie zakázané.
I want to lie on the beach.	Chcem ležať na pláži.
I want to sun bathe.	Chcem sa opaľovať.
Can I rent…	Môžem požičať…
an umbrella?	dáždnik
a row boat?	čln?
skiing equipment?	veci na lyžovanie/ lyže?
skates?	korčule?
What's the charge per day?	Koľko sa platí na deň?
Is there a skating rink here?	Kde sa tu dá korčuľovať?
Where can I go skiing?	Kde sa tu dá lyžovať?

Camping   Stanovanie

Camping	Kemping
Camping equipment	Veci na kemping/stan
Is swimming allowed?	Dá sa tu plávať?
Camping permit	Povolenie na kemping
Can we camp here?	Môžeme tu stanovať?
What's the charge per day?/per person?	Koľko sa platí za deň/za osobu?
Are there showers/toilets?	Sú tu sprchy/záchody?
Where are the toilets?	Kde sú záchody?
Can we light a fire here?	Môžeme tu zapáliť oheň?
Is there electricity?	Je tu elektrina?
Can we fish here?	Môžeme tu chytať ryby?
Do we need a license to fish?	Potrebujeme povolenie na chytanie rýb?
Can we rent equipment?	Môžeme prenajať veci na kemping?
Where can we get (a)…	Kde je…
corkscrew?	skrutkovač?
matches	zápalky?
can opener?	otvárač na konzervy?
charcoal?	uhlie?
compass?	kompas?
cooking utensils?	náradie na varenie?
cooler?	chladnička?
fire wood?	drevo na oheň?
first-aid kit?	prvá pomoc?
flashlight?	baterka?
kerosene?	benzín?
lantern?	lampa?
sleeping bag?	spací vak?
tent?	stan?
thermos?	termoska?

Entertainment   Zábava

Tickets   Lístky

Tickets can be purchased most easily from the Čedok Agency, or at the theater box office. Slovaks are avid theater-goers and most performances sell out quickly. If you really want to see a particular performance, you should go down to the theater a little early.

Tickets	Lístky
(Theater) box office	Divadelná pokladňa
Ticket window	Pokladňa/Lístky
Can you recommend a(n) opera/concert/play?	Ktorú operu/ktorý koncert/ktorú hru odporúčate?
Have you any tickets for tonight's performance?	Máte lístky na dnes večer?
How much are they?	Koľko stoja?
I'd like two for…	Chcem dva na…
We're sold out.	Vypredané.
What time does it begin?	O koľkej sa to začína?
How do I get to this theater?	Ako sa dostanem do divadla?
The National Theater	Narodné Divadlo
The National Opera	Národná Opera
The Symphony	Filharmónia
No admittance after the third bell.	Vstup zakázaný po treťom zvonení.
Orchestra stalls	Partéž
Amphitheater	Amfiteater
Balcony	Balkón
Box	Lóža
Left side	Ľavá strana
Right side	Pravá strana
Middle	Stred
Lobby	Foyé
Snack bar	Bufet
Smoking room	Miestnosť pre fajčiarov
Cloak room	Garderóba
Entrance to auditorium	Vchod do hľadiska
Exit	Východ

Theater and Movies   **Divadlo a Kino**
Movies are shown all day long. No one is
admitted after the lights are turned off.

Play	Hra
Performance	Predstavenie
Movie	Kino/Film
Theater	Divadlo
What's at the…?	Čo hrajú v …?
What kind of play/ movie is it?	Aká je to hra/film?
It's a…	Je to…
comedy.	komédia.
documentary.	dokumentárny film.
drama.	dráma.
Who's the director?	Kto je režisér?
Who's playing the lead?	Kto má hlavnú úlohu?
Are there any tickets left?	Máte lístky?
Is there a matinee?	Je predstavenie cez deň?
When does the show begin?	Kedy začne predstavenie?
Do you have any extra tickets?	Máte ešte nejaké lístky?

Opera, Concerts, and Ballet
                        Opera, Koncert, a Balet

Opera/Operetta	Opera/Opereta
Concert	Koncert
Ballet	Balet
Orchestra	Orchester
Folk songs/dances	Ľudové piesne/tance
Here is my ticket.	Tu je môj lístok.
Where is my seat?	Kde je moje miesto?
Follow me	Poďte za mnou
How much for a program?	Koľko stojí program?
May I have a program, please?	Dajte mi program, prosím?

Want to rent opera glasses?	Chcete si požičať ďalekohľad?
No, thank you.	Nie, ďakujem.
I don't need them.	Nepotrebujem.
Who is the conductor?	Kto je dirigent?
Who is dancing the lead?	Kto tancuje v hlavnej úlohe?
Who is the soloist?(f)	Kto je sólist/sólistka?
When is the intermission?	Kedy je prestávka?
How long is the intermission	Ako dlho je prestávka?
Pardon me, can I get by?	Pardón, môžem prejsť?
That's my seat.	To je moje miesto.

Sporting Events — Športové Podujatie

Sporting events	Športové podujatie
Sports fan	Fanúšek
I want to see a hockey /soccer game.	Chcel byt som vidieť hokej/futbol.
How much are the tickets?	Koľko stoja lístky?
Are there any tickets for today's game?	Máte lístky na dnešnú hru?
How do I get to Central Stadium?	Ako sa dostanem na hlavný štadión?
Who is playing?	Kto hraje?
Scoreboard	Panel
Who is winning?	Kto vyhráva?
What's the score?	Kto vyhral/prehral?
Dynamos are ahead 3-1.	Dinamo vyhráva 3-1
It's scoreless.	Remíza!
Score a point!	Dali gól!
Score a goal!	Dali gól!
Who won?	Kto vyhral?
Scoreless tie	Nikto
Do you want to play chess?	Chcete hrať šachy?

Stores   Obhody

Large department stores are usually open from 9:00 AM to 8:00 PM. Food stores typically open at 8:00 AM and close at 7:00 PM. Other shops, like bookstores and souvenir shops, are open from 10:00 AM to 7:00 PM. Most stores, except those selling food, are closed Sunday.

Where can I buy…?	Kde môžem kúpiť…?
Where can I find a…?	Kde môžem nájsť…?
Is there a… near here?	Je tu … blízko?
bakery	pekáreň
bookstore/library	kniha/knižnica
candy shop	cukríky
clothing store	odev
dairy	mliekareň
department store	obchodný dom
drug store	lekáreň
farmer's market	trh
fruit and vegetable store	ovocie a zelenina
furrier	kožuchy
gift shop	dárky
grocery	potraviny
hat shop	klobúky
jeweler	klenoty
liquor store	liehoviny
news-stand	trafika
record store	platne
second-hand bookstore	kníhkupectvo/použité knihy
antique store	starožitnosti
shoe store	obuv
souvenirs	suveníry
stationary	papierníctvo
tobacconist	tabak
toy store	hračky

Looking Around   Obzerať Sa

Service	Služby
Can you help me…	Môžete mi pomôcť…

Where's the… department?	Kde je… oddelenie?
Can I help you?	Čo si želáte?
Do you have…	Máte…
What kind of…would you like?	Aké … chcete?
I'd like…	Chcel/a by som …
I'm sorry, we don't have any.	Ľutujem nemáme.
We're sold out.	Vypredané.
Anything else?	Ešte niečo?
Show me this/that, please?	Ukážte me to/toto, prosím?
No, not that, but that there…next to it.	Nie toto, ale tamto, pri tom.
It's not what I want.	To nie je to, čo chcem
I don't like it.	Nepáči sa me to.
I'm just looking.	Len sa pozerám.
I prefer…	Radšej by som chcel/a…
Something not too expensive.	Niečo nie také drahé.
How much is it?	Koľko to stojí?
Repeat that, please.	Opakujte to, prosím.
Please write it down.	Prosím, napíšte to.

Making a Purchase   Kúpiť Niečo

Shopping in Slovakia is an adventure. There are usually several steps involved in making a purchase. First, you choose your merchandise and take note of the price. Next, you go to the register and pay for it, receiving a receipt in return. Finally, you take this receipt to another counter where you receive your purchase.

Have you decided?	Rozhodli ste sa?
Yes, I want this.	Áno, chcem toto.
I'll take it.	Vezmem toto.
Will I have problems with customs?	Budem mať problém s clom?
Pay at the cashier.	Platte pri pokladni.

Do you accept travel's checks/credit cards/dollars?	Môžem platiť cestovným šekom/kreditnou kartou/ dolármi?
Can I have a receipt, please?	Môžem mať účet, prosím?
Wrap it up forme, please.	Zabalte mi to, prosím.
Please give me a bag.	Prosím, dajte mi vrecko.

SHOPPING
Nakúp

Gifts and Souvenirs
Dary a Suveníry

Granite	Granát
Books	Knihy
Box of Candy	Cukríky
Ceramics	Keramika
Chocolate	Čokoláda
Cigarettes	Cigarety
Cigarette lighter	Zapaľovač
Coins	Peniaze/mince
Fur hat	Kožušina
Jewelry	Klenoty/Bižutéria
Lace	Čipky
Perfume	Voňavka
Postcards	Pohľadnice
Posters	Plagáty
Records	Platne
Schawl	Ručník
Stamps	Známky
Tapes	Kazety
Toys	Hračky
Plum Brandy	Slivovica
Wine	Víno
Wood Carvings	Drevorezba

Art
Umenie

Art exhibitions and frequently changing art shows take place in galleries, castles, palaces, and museums. Find out about them in the Slovak Spectator, Slovakia's English newspaper, or in Kam in Bratislava, a monthly events guidebook.

Jewelry Department	Klenoty Oddelenie
Jewelry	Klenoty
Bracelet	Náramok
Brooch	Brošňa
Chain	Retiazka
Clips	Sponka
Cufflinks	Manžetové sponky
Earrings	Náušnice
Necklace	Náhrdelník
Pendant	Prívesok
Ring	Prsteň
Tie pin	Sponka na kravatu
Watch	Hodinky

Stone and Metals	Kameň a Kov
What's it made of?	Z čoho je to urobené?
Is it real silver/ gold?	Je to striebro/zlato?
How many carats is this?	Koľko karátov to má?
What kind of metal/ stone is it?	Aký kameň je to?
Amber	Jantár
Amethyst	Ametyst
Copper	Meď
Coral	Korál
Crystal	Krištál
Diamond	Diamant
Ebony	Čierne drevo
Emerald	Emerald
Garnet	Granát
Gilded	Pozlatené
Glass	Sklo
Gold	Zlato
Ivory	Slonovina
Onyx	Oniks
Pearl	Perla
Pewter	Olovo
Platinum	Platina
Ruby	Rubín
Sapphire	Safír

Silver	Striebro
Silver plated	Postriebrené
Topaz	Topáz

Books and Stationary Supplies
Knihy a Papierníctvo

Bookstore	Kniha
News-stand	Trafika/noviny
Second-hand bookstore	Druhá kniha
Stationary store	Papierníctvo
Do you have any books in English?	Máte knihy v angličtine?
Do you have any children's books/ art/books	Máte detské/umelecké knihy?
Where are the guidebooks/ dictionaries?	Kde sú turistické knihy/ slovníky?
How much is this book?	Koľko stojí táto kniha?
Where do I pay?	Kde platím?
Have you got...	Máte...
calendars?	kalendár?
envelopes?	obálky?
magazines in English?	časopisy v angličtine?
maps?	mapu?
notebooks?	zošity?
paper?	papier?
pens?	perá?
pencils?	ceruzy?
post cards?	pohľadnice?

Records
Platne

Records/CD	Platne/CD
Cassettes	Kazety
Have you got any recording by...	Máte platne...
Do you have any... Slovak folk songs?	Máte nejaké ... Slovenské ľudové piesne?

Do you have any poets reading their work?	Máte básne, ktoré čítajú básnici?
classical music?	klasickú hudbu?
popular music?	populárnu hudbu?
recordings of operas and plays?	opery a hry?
rock?	rok?
Can I listen to this record?	Môžem toto počuť?

Toys

Hračky

Toys/Games	Hry
For a boy	Pre chlapcov
For a girl	Pre dievčatá
Ball	Lopta
Blocks	Kocky
Cards	Karty
Chess	Šachy
Doll	Bábika
Electronic game	Elektronické hry
Stuffed animal	Plyšové zvieratá
Teddy bear	Macík
Wooden toys	Drevené hračky

Clothes

Odev

Clothes	Odev
Where can I find a...	Kde nájdem...
bathing cap?	čiapku na kúpanie?
bathing suit?	plavky?
bathrobe?	župán?
belt?	remeň?
blouse?	blúzu?
bra?	podprsenku?
children's clothes?	odev pre deti?
coat?	kabát?
dress?	šaty?
fur coat?	kožuch?
fur hat?	kožušnú čiapku?
gloves?	rukavice?
handkerchief?	kapesník?
hat?	čiapku/klobúk?
jacket?	kabát?

panties?	nohavičky?
pants?	nohavice?
pajamas?	pyžamo?
raincoat?	pršiplášť?
scarf?	šál?
shirt?	košeľa?
shorts?	krátke nohavice?
skirt?	šukňa?
slip?	kombiné?
socks?	ponožky?
stockings?	pančuchy?
suit	kostým?
sweater?	sveter/pulover?
sweatsuit?	tepláky?
swimmng trunks?	plavky?
tie?	kravata?
t-shirt?	tričko?
underwear?	bielizeň?

Fit

Miera

I don't know my size.	Neviem moje číslo.
I take a size…	Moje číslo je…
Is there a mirror?	Je tu zrkadlo?
Can I try it on?	Môžem to vyskúšať?
Where is the fitting room?	Kde si to môžem vyskúšať?
Does it fit?	Pasuje mi to?
It fits well.	Sluší vám to/pristane vám to.
It doesn't suit me.	Nesluší mi to.
It's too…	Je to veľmi…
big/small.	veľké/malé.
long/short.	dlhé/krátke.
loose/tight.	široké/úzke.

Colors

Farba

Color	Farba
What color is it?	Aká je to farba?
I don't like the color.	Nepáči sa mi tá farba.
Do you have other colors?	Máte iné farby?

I'd like something bright.	Chcel by som niečo jasnejšie.
Do you have anything in red?	Máte niečo v červenom?
Red	Červená
Pink	Ružová
Purple	Fialová
Blue	Modrá
Light blue	Belasá
Green	Zelená
Orange	Oranžová
Yellow	Žltá
Brown	Hnedá
Beige	Béžová
Grey	Šedá/sivá
Black	Čierna
White	Biela
Light (+color)	Svetlo (+farba)
Dark (+color)	Tmavo (+farba)

Materials and Fabrics   Materialy a Látky

Aluminum	Aluminium
Brass	Mosadz
Canvas	Tkanina/Súkno
Ceramics	Keramika
Chiffon	Šifón
China	Porcelán
Copper	Meď
Corduroy	Menšester
Cotton	Bavlna
Crepe	Krep
Crystal	Krištál
Fabric	Látka
Felt	Felt
Flannel	Flanel
Fur	Kožušina
Glass	Sklo
Gold	Zlato
Iron	Železo
Lace	Čipka
Leather	Koža
Linen	Plátno

Metal	Kov
Nylon	Nylón
Plastic	Plastický
Satin	Satén
Silk	Hodváb
Steel	Oceľ
Stone	Kameň
Suede	Semiš
Silver	Striebro
Velvet	Velvet
Wood	Drevo
Wool	Vlna

Shoes / Topánky

Shoe Store	Obhod pre topánky
Boots	Čižmy
Felt boots	Krpce
Sandals	Sandále
Slippers	Papuče
Children's shoes	Detské topánky
Shoelaces	Šnúrky
Are these made of cloth/suede/leather/rubber?	Sú tieto urobené z látky/koži/gumy?
Can I try these on in a size …	Môžem tieto vyskúšať, mám číslo…
These are too big/small/narrow/wide.	Tieto sú veľké/malé/úzke/široké.

Groceries / Potraviny

Grocery Store	Potraviny Obchod
I'd like…	Chcel/a by som…
a piece of that	Kus z tohoto…
a half kilo…	pol kila…
a kilo…	kilo…
one –and-a-half kilos…	jeden a pol kila
50 grams…	50 gramov…
100 grams…	100 gramov…
a liter of…	liter z…
a bottle of…	fľašu…

ten eggs	desať vajec
a packet of cookies/tea	Škatuľku keksov/čaju
a can of pears	konzervu hrušiek
a jar of sour cream	pohár smotany
a loaf of bread	bochník chleba
a box of candy	škatuľku cukríkov
a bar of chocolate	tabličku čokolády

Health and Beauty Aids — Zdravie a Krása

Absorbent cotton	Vata
Antiseptic	Masť proti hnisaniu
Aspirin	Aspirín
Ace bandage	Elastický obväz
Adhesive bandage	Náplasť
Bobby-pins	Sponky
Comb	Hrebeň
Condoms/ Contraceptives	Prezervativy/kondom
Cough drops	Tabletky proti kašľu
Curlers	Nátačky
Deodorant	Deodorant
Diapers	Plienky
Disinfectant	Dezinfikovať
Ear drops	Kvapky do uší
Eye drops	Kvapky do očí
Eye shadow	Tieň na oči
Hair brush	Kefa na vlasy
Hair dye	Farba na vlasy
Hair spray	Lak
Hand cream	Krém na ruky
Insect repellent	Púder proti komárov
Iodine	Jód
Laxative	Kristír
Lipstick	Rúž
Make-up	Kozmetika/Šminky
Nail clipper	Nožnice na nechty
Nail file	Pilník
Nail polish	Lak na nechty
Nail polish remover	Acetón
Pacifier	Dudlík
Perfume	Voňavka
Razor	Britva
Razor blades	Žiletka

Rouge	Rúž
Safety pins	Zatváracie špendlík
Sanitary napkins	Vložky
Shampoo	Šampón
Shaving cream	Mydlo na holenie
Sleeping pills	Tabletky na spanie
Soap sponge	Mydlo/špongia
Sun-tan lotion	Olej na opaľovanie
Thermometer	Teplomer
Throat lozenges	Tabletky pre hrdlo
Toiler paper	Toaletný papier
Tooth brush	Zubná kefra
Tooth paste	Zubná pasta
Tweezers	Pinzeta
Vitamins	Vitamíny

Accidents and Emergencies
Nehody a Záchrana

Help	**Pomoc**
I need help	Potrebuje pomoc
There's been an accident.	Stala sa tu nehoda.
Please call the…	Prosím, zavolajte…
American/British	americký/anglický
embassy/consulate/	konzulát
ambulance	sanitku
Please get…	Prosím, potrebujem…
a doctor	lekára
the police	políciu
Please notify…	Prosím, dajte vedieť…
my husband	mojemu manželovi
my wife	mojej žene
my family	mojej rodine
my hotel	mojemu hotelu
I've had my … stolen.	Ukradli mi…
I've lost my…	Stratil som…
passport	pas
wallet	peňaženku
purse	tašku
keys	klúče
money	peniaze

Illness and Injury

Choroba a Zranenie

He/She is hurt	On/Ona je zranený/á
He/She is bleeding badly	On/Ona veľmi krváca
He/She is unconscious	On/Ona je v bezvedomí
He/She is seriously injured	On/Ona je vážne zranený/á
I'm in pain	Mám bolesť
My … hurts	Bolí ma…
I can't move my…	Nemôžem pohnúť…
I'm ill (f)	Som chorý/á
I'm dizzy	Krúti sa mi hlava
I'm nauseous	Chce sa me vracať
I feel feverish	Mám horúčku
I've vomited	Vracal/a som
I've got food poisoning	Otrávil/a som sa jedlom
I've got diarrhea	Mám hnačku
I'm constipated	Som zapchatý/á
It hurts to swallow	Bolí ma prehltnúť
I'm having trouble breathing	Nemôžem dýchať
I have chest pain	Bolí ma pri srdci
I've got indigestion	Bolí ma žalúdok
I've got a bloody nose	Krváca mi z nosa
I've got sun stroke	Mám úpal
I'm sun burned	Som opálený/á od slnka
I've got cramps	Mám kŕče
I've got a bladder/ vaginal infection	Mám zápal moču/ ženských ústrojov
I've broken my arm	Zlomil som si ruku
I've sprained by ankle	Zvrtol/a som si kotník
I've dislocated my shoulder	Vykĺbil/a som si rameno
I've been stung by a wasp/bee	Uštipla ma osa/včela
I've got…	Mám…
arthritis	reumu
asthma	astmu
diabetis	cukrovku
high blood pressure	vysoký tlak krvi
an ulcer	vred

Parts of the Body	Časti Tela
Ankle	Kotník
Appendix	Slepé črevo
Arm	Rameno
Back	Chrbát
Bladder	Močový mechúr
Blood	Krv
Body	Telo
Bone	Kosť
Breasts	Prsia
Calf	Lýtko
Cheek	Líco
Chest cavity	Hruď
Ear/Ears	Ucho/uši
Elbow	Lokeť
Eye	Oko/oči
Face	Tvár
Finger	Prst
Foot	Noha
Gall Bladder	Žlčník
Genitalia	Pohlavie
Glands	Žlazy
Hand	Ruka
Heart	Srdce
Heel	Opätok
Hip	Bedro
Intestines	Črevá
Jaw	Čelusť
Joint	Kĺb
Kidney	Ladviny
Knee	Koleno
Leg	Noha
Lip	Ústa
Liver	Pečienka
Lungs	Plúca
Mouth	Ústa
Muscle	Sval
Neck	Krk
Nerve	Nerv
Nose	Nos
Rib	Rebro
Shoulder	Pleco
Skin	Koža
Spine	Chrbát
Stomach	Žalúdok

Teeth	Zuby
Tendon	Šľacha
Throat	Hrdlo
Thumb	Palec
Toe	Palec na nohe
Tongue	Jazyk
Tonsils	Mandle
Vein	Žila
Wrist	Zápästie
Muscle	Sval

Seeing a Doctor — Návšteva Lekára

Except for the cost of the medicine, health care in Slovakia is free.

I'd like an appointment…	Chcel/a by som vidieť lekára…
for tomorrow	zajtra
as soon as possible	čo najskôr
Where does it hurt?	Kde to bolí?
Is the pain sharp/dull/ constant?	Bolesť je ostrá/ tupá/stála?
How long have you felt this way?	Ako dlho sa takto cítite?
I'll take your temperature.	Odmerám vám teplotu.
I'll measure your blood pressure.	Odmerám vám tlak krvi.
I'll take your pulse.	Odmerám vám pulz.
Roll up your sleeve.	Dvihnite rukáv.
Undress to the waist.	Zoblečte sa do pása.
Breath deeply.	Hlboko dýchajte.
Open your mouth.	Otvorte ústa.
Cough	Zakašlite
I'll need an X-ray.	Potrebujem röntgen.
Is it serious?	Je to vážne?
Do I need surgery?	Potrebujem operáciu?
It's broken/sprained.	Je to zlomené/ podvrtnuté.
You need a cast.	Potrebujete gips.
You've pulled a muscle.	Pretiahli ste si sval.
It's infected.	Hnisá to.
It's not contagious.	Nie je to chytľavé.
Get well.	Vyzdravte sa.

Seeing a Dentist

Dentist

I need a dentist.

What are the clinic's hours

I want to make an appointment.

Will I have to wait long?

I have …
an abscess
a broken tooth
a broken denture

lost a filling
a toothache
a cavity
sore and bleeding gums

Don't pull it out.

Can you fix it temporarily?

When will my denture be ready?

May I have an anesthetic?

Treatment

I'm taking medication

What medicine are you taking?

I'm taking antibiotics

I'm on the Pill

I'm allergic to penicillin

I'll prescribe an…
antibiotic
a painkiller

Where can I have this prescription filled?

Návšteva Zubného Lekára

Zubný lekár

Potrebujem zubného lekára.

Kedy sa prijímajú pacienti v nemocnice?

Chcel/a by som sa zapísať, aby ma lekár videl.

Musím čakať dlho?

Mám…
zápal
zlomil sa mi zub
zlomili sa mi umelé zuby

vypadla mi blomba
bolí ma zub
mám dieru v zube
ďasná ma bolia a krvácajú

Nevytrhnite mi zub.

Môžete to dočasne opraviť?

Kedy budú hotové umelé zuby?

Môžete to spraviť bezbolestne?

Liečenie

Beriem lieky.

Aké lieky beriete?

Beriem antibiotiky.

Beriem tabletky proti otehotneniu.

Mám alergiu na penicilín.

Predpíšem antibiotiká a pirulky proti bolesti

Kde si môžem vybrať tento recept?

When should I take the medicine?	Kedy mám zobrať lieky?
Take 2 pills/	Berte 2 pirulky/
3 teaspoons	3 lyžičky
every 2/6/hours.	každé 2 hodiny
	každých 6 hodín
twice a day	dvakrát denne
before meals	pred jedlom
after meals	ako potrebujete
as needed	
for 5/10 days	na 5/10 dní
I feel better/worse/ the same.	Cítim sa lepšie/horšie/ rovnako.
Can I travel on Friday?	Môžem cestovať v piatok?

At the Hospital

V nemocnici

Hospital	Nemocnica
Clinic	Klinika
Doctor	Lekár
Surgeon	Chirurg
Gynecologist	ženský lekár
Ophthamologist	Optik
Pediatrician	Detský lekár
Nurse	Ošetrovateľka
Patient (f)	Pacient
Anesthesia	Anestézia
Bedpan	Vedro
Injection	Injekcia
Operation	Operácia
Transfusion	Transfúzia
Thermometer	Teplomer
I can't sleep/eat	Nemôžem spať/jesť
When will the doctor come?	Kedy príde lekár?
When can I get out of bed?	Kedy môžem vstať z postele?
When are visting hours?	Kedy sú návševné hodiny?

Numbers And Time Expressions
Čísla a Čas

Cardinal Numbers   **Radové Číslovky**
Slovak numbers are highly irregular. The number "one" agrees in gender with the noun

it modifies, so that it can be either masculine, geminine or neuter. The number"two" has two forms: one serves as both masculine and neuter, while the form is reserved for feminine subjects. All the remaining numbers have only one form.

0	nula
1 (m/f/n)	jeden/jedna/jedno
2 (m/f/n)	dva/dve
3 (m/f/n)	traja/tri
4 (m/f/n)	štyria/štyri
5	päť
6	šesť
7	sedem
8	osem
9	deväť
10	desať
11	jedenásť
12	dvanásť
13	trinásť
14	štrnásť
15	päťnásť
16	šesťnásť
17	sedemnásť
18	osemnásť
19	deväťnásť
20	dvadsať
21	dvadsať jeden
22	dvadsať dva
23	dvadsať tri
24	dvadsať štyri
25	dvadsať päť
26	dvadsať šesť
27	dvadsať sedem
28	dvadsať osem
29	dvadsať deväť
30	tridsať
31	tridsať jeden
32	tridsať dva
33	tridsať tri
34	tridsať štyri
35	tridsať päť
36	tridsať šesť
37	tridsať sedem
38	tridsať osem
39	tridsať deväť

40	štyridsať
41	šryridsať jeden
50	päťdesiat
60	šesťdesiat
70	sedemdesiat
80	osemdesiat
90	deväťdesiat
100	sto
200	dvesto
300	tristo
400	štyristo
500	päťsto
600	šesťsto
700	sedemsto
800	osemsto
900	deväťsto
1,000	tisíc
2,000	dve tisíc
5,000	päť tisíc
100,000	sto tisíc
1,000,000	milión

Ordinal Numbers   Radové Číslovky

Since they act as adjectives grammatically, all ordinal numbers have masculine, feminine (-a), and neuter (-e) forms, which can be identified by their endings. The number "three" has irregular ("soft') endings.

First	prvý/prvá
Second	druhý
Third	tretí
Fourth	štvrtý
Fifth	piaty
Sixth	šiesty
Seventh	siedmy
Eighth	ôsmy
Ninth	deviaty
Tenth	desiaty
Eleventh	jedenásty
Twelfth	dvanásty
Thirteenth	trinásty
Fourteenth	štrnásty
Fifteenth	päťnásty
Sixteenth	šesťnásty

Seventeenth	sedemnásty
Eighteenth	osemnásty
Nineteenth	dväťnásty
Twentienth	dvadsiaty
Thirtieth	tridsiaty
Fourtieth	štyridsiaty
Hundredth	stý
Thousandth	tisíci

Quantities and Measurements/Množstvo a Miera

Quantity	Množstvo
A lot/Much	Mnoho/Veľa
A little/Few	Málo/Trochu
More/Less	Viac/Menej
Most/least/best/worst of all	Najviac/Najmenej/ najlepší/najhorší
Majority/Minority	Väčšina/Menšina
Enough/Too much	Dosť/Príliž
A third	Tretina
A quarter	Štvrtina
A half	Polovica
Three quarters	Tri štvrtiny
The whole	Celý
Once	Raz
Twice	Dva razy
Three times	Tri razy
Five times	Päť ráz
Early/Late	Skoro/Neskoro
Now	Teraz
Still	Ešte
Never	Nikdy
Seldom	Riedko
Sometimes	Niekedy
Usually	Zvyčajne
Often	Často
Always	Vždy
In the past	V minulosti
In the future	V budúcnosti
A long time ago	Dávno
A short time ago	Nedávno

Days and Weeks / Dni a Týždne

Sunday	nedeľa
Monday	pondelok

Tuesday	utorok
Wednesday	streda
Thursday	štvrtok
Friday	piatok
Saturday	sobota
On Wednesday	V stredu
On Monday	V pondelok
Last Saturday	Minulú sobotu
Next Thursday	Budúci štvrtok
From Monday to Friday	Od pondelka do piatku
What day is it today?	Ktorý deň v týždni je dnes?
It's Tuesday	Je utorok
Week	Týždeň
Last week	Minulý týždeň
This week	Tento týždeň
Next week	Budúci týždeň
In two weeks	Za dva týždne
In five weeks	Za päť týždňov
Every week	Každý týždeň
For 3 weeks	Za tri týždne
Two weeks ago	Pred dvoma týždňami

Months

Mesiace

Month	Mesiac
This month	Tento mesiac
Last/Next month	Minulý/Budúci mesiac
Every month	Každý mesiac
In a month	Za mesiac
January	január
February	február
March	marec
April	apríl
May	máj
June	jún
July	júl
August	august
September	september
October	október
November	november
December	december
In July…	V júli…
Since January…	Od januára…
In the beginning of October…	Začiatkom októbra…

In the middle of December…	V polovicí decembra…
In the end of April…	Na konci apríla…
We'll be here from June to August.	Budeme tu od júna do augusta.
We'll be here from the 3rd of May through July 19th	Budeme tu od 3 tieho mája do 19tého júla
I've been here since October 14th.	Som tu už od 14 tého októbra
What's the date?	Koľkého je dnes?
It's January 22nd.	Je 22 hého januára.
When did he come?	Kedy on prišiel?
He arrived on May 20th.	Prišiel 20 tého mája.

Years	**Roky**
Year	Rok
Decade	Desaťročie
Century	Storočie
This year	Tento rok
Next year	Budúci rok
Last year	Minulý rok
In a year	Za rok
For a year	Na rok
Three years ago	Pred troma rokmi
Year round	Celý rok
In the 19th century	V devätnástom storočí
In the 20th century	V dvadsiatom storočí
In the 21st century	V dvadsiatom prvom storočí
In 2010	V dve tisíc desiatom roku
In 1991	V tisíc deväťsto deväťdesiatom prvom roku
In 1985	V tisíc deväťsto osem desiatom piatom roku
How old are you?	Koľko máte rokov?
I'm 28 years old.	Mám dvadsať osem rokov
When was he/she born?	Kedy sa on/ona narodil/a?
He was born in… 1936/1960.	On sa narodil v tisíc deväťsto tridsiatom šiestom roku /v tisíc deväťsto šesť desiatom roku.

Time Expression	Vyjadrenie Času
Today	Dnes
Tomorrow	Zajtra
Yesterday	Včera
Day after tomorrow	Pozajtra
Day before yesterday	Predvčerom
The next day	Na budúci deň
Three/Five days ago	Pred troma/piatimi dňami
Morning	Ráno
In the morning	Ránom
This morning	Toto ráno
Yesterday morning	Včera ráno
Tomorrow morning	Zajtra ráno
All morning	Celé ráno
Every morning	Každé ráno
Day	Deň
In the afternoon	Popoludním/poobede
This afternoon	Toto poludnie
Yesterday afternoon	Včera poludním
Tomorrow afternoon	Zajtra podbede
All day	Celý deň
Every day	Každý deň
Evening	Večer
In the evening	Na večer
This evening	Tento večer
Yesterday evening	Včera večer
Tomorrow evening	Zajtra večer
All evening	Celý večer
Every evening	Každý večer
Night	Noc
At night	V noci
Tonight	Dnes v noci
All night	Celú noc
Every night	Každú noc
Weekend	Víkend
Holiday	Sviatok
Vacation	Dovolenka
School holiday	Prázdniny
Birthday/namesday	Narodeniny/meniny

Telling Time **Čas**

Bratislava is seven hours ahead of Eastern Standard time and has no Daylight Savings Time. Official time is in military format.

Time	Čas
Half hour	Pol hodiny
Hour	Hodina
Minute	Minúta
Second	Sekunda
Early/Late	Skoro/neskoro
I'm sorry I'm late.	Ľutujem, meškám.
On time	Včas
What time is it?	Koľko je hodín?
It's…	Je…
one o'clock	jedna hodina
five past three	Päť po tretej
ten past six	desať po šiestej
quarter after four	štvrť po štvrtej
twenty past twelve	dvadsať minút po dvanástej
twenty-five after two	dvadsať päť minút do druhej
seven thirty	pol ôsmej
twenty-five to nine	dvadsať päť minút po deviatej
twenty to eleven	dvadsať minút do jedenástej
quarter to one	štvrť do jednej
ten of eight	desať nimút do ôsmej
five of two	päť minút do druhej
twelve o'clock	je dvanásť hodín
midnight	je polnoc
noon	je poludnie
A.M.	ráno
P.M.	večer
At what time?	O koľkej?
At one	O jednej
At 3:05	O päť minút po tretej
At 2:10	O desať minút po druhej
At 5:30	O pol šiestej
At 7:40	O dvadsať minút do ôsmej

Seasons / Ročné Obdobia

Seasons	Ročné obdobie
Spring/In the spring	Jar/Na jar
Summer/In the summer	Leto/V lete
Fall/In the fall	Jeseň/Na jeseň
Winter/In the winter	Zima/Na zimu

Refereences

Weather

The weather	Počasie
What is it like outside?	Ako je vonku?
What's the forecast for tomorrow?	Aká je predpoveď počasia na zajtra?
Tomorrow it will rain	Zajtra bude pršať
Today it's…	Dnes je…
sunny	svieti slnko
overcast	zamračené
cool	chladno
warm	teplo
hot	horúco
cold	zima
humid	vlhko
foggy	hmla
windy	vietor fúka
What's it usually like here?	Aké počasie je tu obyčajne?
It's raining/snowing	Prší/sneží
What a beautiful day!	Krásny deň
What awful weather!	Aké hrozné počasie!

Directions

North	Sever
In the north	Na severe
To the north	Na sever
Northward	Severne
South	Juh
In the south	Na juhu
To the south	Na juh
Southward	Južne
East	Východ
In the east	Na východe
To the east	Na východ
Eastward	Východne
West	Zapad
In the west	Na západe
To the west	Na západ
Westward	Západne

Poznámka

Počasie

Smer

Family	Rodina
Family	Rodina
Relatives	Príbuzní
Children	Deti
Adults	Dospelí
Wife/Spouse (f)	Žena/manželka
Husband/Spouse (m)	Muž/manžel
Mother	Matka
Father	Otec
Baby	Dieťa
Daughter	Dcéra
Son	Syn
Sister	Sestra
Brother	Brat
Grandmother	Stará mama/babička
Grandfather	Starý otec/dedko
Granddaughter	Vnučka
Grandson	Vnuk
Aunt	Teta
Uncle	Ujo/strýko
Niece	Neter
Nephew	Synovec
Cousin (m/f)	Bratanec/sesternica
Husband's mother	Svokra
Husband's father	Svokor
Wife's mother	Testiná
Wife's father	Tesť
Brother-in-law	Švagor
Sister-in-law	Švagriná

Signs	Značky
Information	Informácie
Bathroom(M/F)	WC/záchod
Don't touch	Nechytajte
Push/Pull	Tlačiť/ťahať
No admittance	Nevstupovať
Entrance	Vchod
Exit	Východ
No entry	Vchod zakázaný
No exit	Východ zakázaný
Emergency exit	Núdzový východ
Employees' entrance	Vchod pre zamestnancov

Elevator	Výťah
Stairs	Schody
Up/Down	Hore/dolu
Keep to the left/ right	Do ľava/do prava
Don't lean	Nenahýbajte sa
Stop	Stáť
Wait	Čakať
Go	Ísť
Careful!	Opatrne!
Attention!	Pozor!
Prohibited	Zakázané
Danger	Nebezpečie
Police	Polícia
Quiet!	Ticho!
Self-serve	Samoobsluha
Occupied	Obsadené
No smoking	Nefajčiť
Closed for lunch/ repairs/cleaning	Zatvorené pre obed/ pre opravu/pre čistenie
Closed for a break from 1 to 2	Zatvorené pre prestávku od 13 do 14
Office hours	Úradné hodiny
Men working	Pozor renovácia
Watch out for cars	Pozor na autá

Metric Conversions

Metrický Systém

Temperature

Teplota

To convert Celsius into Fahrenheit, multiply degree Celsius by 1.8 and add 32. To convert Fahrenheit into Celsius, subtract 32 from degree Fahrenheit and divide by 1.8.

Distance

Diaľka

To convert miles into kilometers, divide miles by 5 and multiply by 8. To convert kilometers into miles, divide kilometers by 8 and multiply by 5.

1 centimeter = 0.39 inches	1 inch = 2.54 centimeters
1 meter = 3.28 foot	1 foot = 30.5 centimeters
1 kilometer = 0.675 mile	1 mile = 1609 meters
1km = 5/8 mile	

Weight

1 kilogram = 2.2 pounds

1 gram = 0.0325 ounces

1 ounce = 28.35 grams

1 pound = 453.6 grams

Volume

1 liter = 0.264 gallons

1 liter = 1.06 quarts

1 quart = 0.95 liter

1 gallon = 3.8 liter

A

a and, but
absolvovať to go through, to finish
aby in order to, so that
adresa address
advokát lawyer
Afrika Africa
ahoj hi, bye (informal)
aj even, also, too
ak if
akcia share
ako how, in the function of
ako sa máte? How are you?
akonáhle as soon as
akosi somehow
akosť quality
akože how (emphatic)
aktuálny timely
aký, aká, aké what kind, what kind of
akýkoľvek whatever
ale but
alebo either
alebo...alebo either, or
alkohol alcohol
alkoholický alcoholic
ambulancia outpatient department
Američan American
Američanka American woman
americký American
Amerika America
ananás pineapple
Anglia England
angličtina English (language)
anglický English
(po anglicky) in English
ani, ani neither, nor

áno yes
apríl April
armáda army
artista artist
asi probably, perhaps
aspoň at least
atď (a tak ďalej) and so forth
atletika track and field
august August
auto car
autobus bus
automatizovať to automate
avšak however
Azia Asia
až as many as

B

ba of course, indeed
baba old woman, coward
babica midwife
babička grandmother, granny
bábika doll
babračka tedious work
bádanie research, investigation
badať to notice, to perceive
bahno mud, swamp
báječný wonderful
balík package
baliť to pack
balkón balcony
baňa mine
banán banana
banka bank
baran ram
báseň poem
basketbal basketball (the sport)
báť sa to be afraid
(neboj sa) don't be afraid

84

batožina luggage
baviť to amuse, to entertain
bazén swimming pool
bdieť to watch over, to be awake
beda alas, trouble
beh race
beily white
beloch white man
benzín, benzínový gasoline
besedovať to chat, to talk
bez without
bežať to run
béžový beige
bezpečnosť safety
bezvedomie unconsciousness
bicykel bicycle
bieda poverty, misery
bielizeň underwear
biológia biology
biť to strike, to hit
blaho bliss
blahoprianie congratulations
blahoželať to congratulate
blaznieť to be angry, become insane
blázon madman, fool
bledý pale
blízko near
blízky near by, close
blúdiť to wander
blúza blouse
blýskať sa lightening
bobuľa berry
bodnúť to stab
Boh God
(Bože môj) oh dear God
bohatý rich

bohužiaľ unfortunately
boj fight, struggle
bolesť pain, ache
bolieť to hurt
borovička juniper gin
bozk kiss
brána gate
brániť to defend, to protect
brat brother
brať to take
bratranec cousin (m)
bravčové pork
breh coast, seaside
bronzový bronze
broskyňa peach
brucho stomach
bryndza soft cheese
brzda brake
budem I will (future of **byť**)
budiť to wake up
budova building, structure
budúci future
budúcnosť the future
bufet buffet, snack bar
búrať to demolish, to pull down
búrka storm
by (conditional particle)
(chcel by som ísť) I'd like to go
býk bull
byt apartment
byť som, si, je, sme, ste, sú to be
bývanie living
bývať to live

C
celkom completely
celý whole
cena price

ceniť to value, to estimate
ceruza pencil
cesnak garlic
cesta road
cesto dough, paste
cestovať to travel
cez through, by
chudák poor person, wretch
chudý thin, lean
chúlostivý delicate
chváliť to praise
chvieť to shake, to tremble
chytro quickly, fast
cibuľa onion
cieľ aim, goal
cigáň gypsy
cigareta cigarette
cintorín cemetary
cirkev parish, church
cirkus circus
cit feeling
cítiť (sa) to feel
citlivý sensitive, touchy
citrón lemon
clivo sad
clo customs, duty
cnieť to be sad
cnosť virtue
colný customs
ctibažný ambitious
ctihodný honorable
ctiť to honor, to respect
cudzí foreign
cudzí jazyk foreign language
cudzinec foreigner, stranger
cukor sugar
cukrík (piece of) candy
cvičenie exercise

cvičiť to practice, to exercise
cvikla beet

Č

čaj tea
čakať to wait (for), to expect
čaro charm
čas time
(mať čas) to have time
(na čas) on time
čašníčka waitress
čašník waiter
časopis magazine
časť part, portion
často often, frequently
čelo forehead
čerešňa cherry
černoch black man
čerpadlo filling station
čerstvý fresh
červený red
česať to comb
Česká Republika Czech Republic
český Czech
česť honor, credit
čeština Czech (language)
čí, čia, čie whose
či whether
čiarka comma
čiarkovitý striped
čierny black
čin deed, act, action
činnosť activity
čínsky Chinese
čínština Chinese (language)
číslo number
čistota cleanliness
čítanie reading
čítať to read

článok article
člen member
človek man, human being
(ludia) people
čo what
čokoláda chocolate
čokoládový chocolate
čokoívek whatever
čoskoro soon
čudný strange
čudovať sa to surprise
čušať to be quiet

D & Ď

dá sa one may
dajaký some kind
dakedy sometime(s)
ďakovať to thank
dakto anyone
ďalej further
ďaleko far
ďaleký far
ďalší next, further
daň tax
dar gift
darček small gift
dariť sa to do well
darmo in vain
darovať to present, to give
dať to give
dátum date
dávno long ago
dážď rain
dáždnik umbrella
dbať to take care
dcéra daughter
december December
decko baby
dedičstvo heritage, inheritance
dedina village
dedo grandfather
dej action, story plot

deka blanket, cover
deliť to divide, to distribute
deň day (**dobrý deň** good day)
des horror
desať ten
desiaty tenth
desivý grisly, awful
deti children
deväť nine
deväťdesiat ninety
deväťdesiaty nineteenth
deviaty ninth
ďialka distance
dielňa workshop
diera hole, gap
dieťa child
diétny dietetic
dievča girl
div wonder
divadlo theater
dívať sa to look, to regard
divný strange
divoký wild, savage
dlaň palm (of hand)
dlážka floor
dlh debt
dlho long time
dlhý long
dĺžka length
dnes today
dno bottom
do to, till, up to
doba time, era
dobre good, fine, well
dobrodružstvo adventure
dobrovoľník volunteer
dobrý good
dôchodok pension, income
dodatočný additional
dohoda agreement

dohodnutý in agreement, arranged
dojem impression
dôkaz proof, evidence
dokázať to prove
doklad document
dokonalý perfect, accomplished
dokonca even, in the end, after all
dokončiť to finish
doktorát doctorate
dolár dollar
doľava to the left
dôležitý important
dolný lower
dolu down (below), downstairs
dom house, home
doma at home
domáci household
domnievať sa to suppose, to assume
domorodec native
domov home, to home
doniesť to bring
doplatiť to pay into
doplňujúci additional, supplementary
doprava to the right
doprava transport(ation)
dopravovať to transport
dopredu forward, ahead
dopustiť sa to commit
dôraz stress, emphasis
dorozumieť sa to make oneself, understood
dôsledok consequence
dospelý adult
dosť času enough time
dosť enough
dostať to get

dostávať to get, to obtain
dôvera confidence, faith
dovidenia goodbye
doviezť to carry to (by vehicle)
dovnútra (to) inside
dôvod reason
dovolenka vacation
dovoliť to allow, to permit
dozaista no doubt
drahý dear, expensive
drevo wood
drobné change (money)
drobný small, petty
droga drug
druh type, kind, sort
druhý another
držať to hold, to keep
dub oak
duch spirit
dúfať to hope
duša soul
duševný spiritual
dusno stuffy
dva two
dvadsať twenty
dvadsiaty twenty
dvanásť twelve
dvanásty twelfth
dvere door
dvíhať to lift, to raise
dvojaký of two sorts
dvoje two
dvojica couple
dvojičky twins
dvojka two
dvojmo double, duplicate
dvojposteľový twin bed
dvor yard, outdoors
dvoriť to court, to woo

dýchať to breathe
dym smoke
dyňa watermelon
džús juice

E

egreš gooseberry
ekstrémny extreme
električka trolley
elektrina electricity
elektronický electronic
emigrácia emigration
energický energetic
ešte still
Európa Europe
exulant exile

F

fabrika factory
facka slap
fádny dull
fajčiar smoker
fajčiť to smoke
fajka pipe
falošný false
fanatik fanatic
fantastický fantastic
farár priest
farba color
farbiť to color, to paint
farebný color(ed)
farmácia pharmacy
fašírka mincemeat
fazóna fit
fazuľa bean
február February
fetovať to use drugs
fialový purple, violet
fígeľ joke, trick
filharmónia symphony
film film, movie
filológia philology
filozófia philosophy
finančný financial

flákať sa goof off
flámovať to have a night out
fľaša bottle
fotoaparát camera
fotografia photograph
frajer philanderer
Francia France
francúzsky French
fuj disgusting
fungovať to function, to work
futbol soccer
fúzatý bearded
fúzy mustache
fyzika physics

G

galantný courteous, gallant
garáž garage
gaštan chestnut
gauč couch, sofa
gazda farmer
gazdiná housekeeper, housewife
gitara guitar
glej glue, paste
golier collar
gombík button
gramofón record player
grapefruitový grapefruit
gratulovať to congratulate
grgať to belch
grobian ill bred fellow
guľa ball, sphere
guláš stew, goulash
guľaty round
guma eraser
gymnastika gymnastics

H

had snake

hádať sa to quarrel, to dispute
hádať to suppose
hádzaná handball
hák hook
halier money (coins)
halo hello, hey
haluška noodle
hanba shame, disgrace
hanbiť sa to be ashamed
hanblivý shy
handra rag
hanebný vile, infamous
hasiť to extinguish
havária crash, breakdown
hej yet, right
herec actor
herečka actress
heslo slogan, password
historický historical
hlad hunger
hľadať to seek, to look for
hladiť to caress, to stroke
hladkať to caress, to stroke
hladký smooth
hladný hungry
hlas voice
hlásiť to announce
hláskovať to spell
hlasný loud
hlasovať to vote
hlava head
hlavný main, chief **(pán hlavný)** (head waiter)
hlboký deep, profound
hliadka watch, patrol
hltať to swallow
hluchý deaf
hlučný noisy

hlúpy stupid
hmla fog
hmyz insect
hnačka diarrhea
hneď right away, soon, immediately
hnedý brown
hnev wrath, anger
hnevať sa to be angry
hnevať to make someone angry, to irritate
hnilý rotten, decaying
hnisať fester
hnus disgust
hnusný disgusting
ho him
hoci although
hocičo whatever
hocikde wherever, anywhere
hocikedy at any time
hocikto whoever, anyone
hodina hour
hodinky clock, wrist watch
hodiť to throw
hodnota value, price
hodváb silk
hojiť to cure
hojný plentiful
hokej hockey
hokejový hockey
holiť to shave
holý naked
hora mountain
horčica mustard
hore up (above), upstairs
horieť to burn
horký bitter
horný upper
horší worse
horúci hot
horúčka fever

hosť guest
hostina feast
hostinec inn, tavern
hotel hotel
hotový ready, finished
hovädzie beef
hovoriť to say, to speak, to talk
hra play, game
hráč player
hrach peas
hračka toy
hrad castle
hranica border
hrať sa to play with
hrať to play
hrdlo throat
hrdosť pride
hrdý proud
hrdzavieť to rust
hrča bump, swelling
hrebeň comb
hrešiť to swear
hrianka toast
hríb mushroom
hriech sin
hrmieť to thunder
hrnček mug
hrob grave
hrôza terror, horror
hrozienka raisins
hrozno grape
hrozný terrible
hrubý thick
hruď chest, breast
hruška pear
hrýzť to bite
huba mouth, mushroom
hudba music
hus goose
hustý thick, dense
hviezda star
hýbať to stir, to move
hydina poultry
hymna anthem

hynúť to perish

CH

chamtivý grasping
chápať to understand
chata cottage
chcieť to want
chirurg surgeon
chlácholiť to console
chladno cool
chlap fellow
chlapec boy
chlieb bread
chlpatý hairy
chmúrny gloomy, sullen
chodba corridor
chodiť to go, to walk
chodník sidewalk
chór chorus
choroba disease
chorý sick
chrániť to safeguard, to protect
chrápať to snore
chrbát back, backbone
chrípka flu
chrobák bug
chrumkavý crunchy
chrup denture
chudobný poor
chuť taste
(mať chuť) feel like
chutiť to taste
chutný tasty
chvíla moment
chyba mistake
chýbať to be lacking
chystať sa to ready oneself
chytať to catch
chytiť to catch

I

i and
iba only
ich their

ihla needle
ihneď at once
ináč otherwise
inde elsewhere
informácia information
informačná veda computer science
inokedy at other times
internát dormitory
iný other, different
inzerát advertisement
inžinier engineer
iskra spark
ísť to go
iste really, truly
isteže certainly
istota certainty
istotne really
istý true, real, certain
izba room

J

ja me, I
jablko apple
jablkový apple
jahňa lamb
jahoda strawberry
jama pit
január January
japonský Japanese
japonština Japanese (language)
jar spring
jarný spring
jasať to rejoice, to cheer
jaskňya cave
jasný clear
jazda ride, drive
jazdiť to ride
jazero lake
jazyk language, tongue
jed poison

jedáleň dining room
jedálny edible, dining
jedávať to eat
jeden, jedna, jedno one
jedenásť eleven
jedenásty eleventh
jedlo food
jednako however, equally
jednoducho simply
jednotka one
jedovatý poisonous
jeho his, its
jej her
jemný fine, tender
jenenie food
jeseň autumn, fall
jesenný autumn
jesť to eat
ju her
juh south
júl July
jún June
južný southern

K

k to, toward
kľud calm, rest
kabát coat
kachle stove
kačica duck
kaderník hairdresser
kakao cocoa
kam where to
kamarát friend
kamenný stone
kamkoľvek wherever
Kanada Canada
kancelária office, agency
kapela musical band
kapor carp
kapusta cabbage
karfiól cauliflower
karta card, postcard

kartón carton
kaša porridge
kašeľ cough
kastról saucepan
katolický Catholic
káva coffee
kaviareň café
kaz flaw
každý each, every
kazeta cassette
kaziť to spoil, to ruin
kde where
keby if
keď when
kedy when
kedykoľvek whenever
kedže since
kefa brush
keks cookies
kemping camping
ker bush
keramika ceramic
kilo kilogram
kino cinema
klamať to deceive
klásť to lay, to place
klebeta gossip
klenot jewel
klimatizácia air condition
klobása sausage
klobúk hat
klopať to knock
klub club
kľúč key
knedľa dumpling
kniha book
knižnica library
koberec rug
kofein caffeine
kohút rooster
koláč kolach(sweet bread)
kolega colleague (m)

kolegyňa colleague (f)
koleno knee
koleso wheel
koľko how many
komár mosquito
komora pantry
kompót stewed fruit
kôn horse
koňak brandy
koncert concert
konečne finally
koniec end
konkurovať to compete
kontrolovať to check
konzerva can
kôra bark
korčulovať to skate
korenie spice, seasoning
koruna crown
kôš basket **(na odpadky)** wastebasket
košeľa shirt
kosť bone
kostol church
koža skin, leather
kozmický cosmic
kožuch fur coat
krab crab
krádež theft
kraj edge, land
krájať to cut
krajec piece
krajina country
krajší prettier (comp of **pekný**)
krása beauty
krátky short
kravata tie
krehký fragile
kreslo armchair
križovatka crossing, crossroad
kričať to shout
krídlo wing

krieda chalk
krk neck
kroj national costume
krok step
kruh circle
krupica grits
krv blood
kryť to cover
kto who
ktokoívek whoever
ktorý who, which, what
ktorýkoívek whichever
kuchár cook
kuchyňa kitchen
kuchynský kitchen
kufor suitcase
kukurica corn
kúpalisko swimming pool
kúpele baths
kúpeíňa bathroom
kúpiť to buy
kupovať to buy
kus piece
kút corner
kvalita quality
kvapka drop
kvasenie fermentation
kvet flower
kybernetický cybernetics
kyslý sour

L & Ľ

ľad ice
ľadvina kidney
ľahkomyseᵓný frivolous, reckless
ľahnúť si to lie down
laboratórium laboratory
lacný cheap, inexpensive
lačný hungry
ľahký light, easy
laketť elbow

lakomec miser
lámať to break
lampa lamp, light
láska love
láskavosť favor, kindness
látka material
lavica bench
ľavý left
lebka skull
lebo because
ledva barely
lekár doctor (m)
lekáreň pharmacy, drugstore
lekárka doctor (f)
lekcia lesson
lekvár jam, jelly
len only
lenivý lazy
lenže but, that
lep glue
lepší better, (comp of **dobrý**)
les forest
letecký air mail
letectvo aeronautics
letieť to fly
letisko airport
letný summer
leto summer
lev lion
ležať laying down
líce cheek
lichotiť to flatter
líčidlo make up
liečenie cure, treatment
liečiť to treat
liek medicine
lietadlo airplane
lietať to fly
linka line
list letter
listina document, deed
literatúra literature

loď boat
lopta ball
losos salmon
lovec hunter
lôžkový vozeň sleeping car (train)
ľúbiť to love, to like very much
ľudia people
ľudský human
lúpež robbery
luster chandelier
ľúto sorry, regret
ľutovať to be sorry
lyžica spoon
lysý bald
lyže ski
lyžovať to ski

M

mačka cat
macocha stepmother
maďarčina Hungarian (language)
maďarský Hungarian
magnetofón tape recorder
máj May
majetok fortune, possession
majiteľ owner
mak poppy seed
mäkký soft
makovník poppy seed cake
maľba painting
maliar painter (m)
maliarka painter (f)
maliarstvo painting
malinovka raspberry drink
málo little, not much
malý small
mandarínka tangerine
manžel husband
manželka wife
mapa map

marec March
marhuľa apricot
márniť to waste
maslo butter
mäso meat
masť lard, grease
mať rád (rada) to like
mať to have, supposed to
mať, matka mother
matematika mathematics
matkyn mother's
matrac mattress
med honey
medový mesiac honeymoon
medveď bear
medzi among, between
medzinárodný international
melón melon
mena currency
menej less
meniny patron Saint day
meniť to change
meno name
menší smaller
merať to measure
mesiac month
meškať to miss, to be late
mesto town
mestský town, local
meter meter
mi me
mienka opinion
mier peace
miešať to stir, to mix
miestnosť room
miesto place
miláčik darling
milenec lover
milovať to love

milý nice
mimochodom by the way
mimoriadny exceptional
minca coin
minerálny mineral
minulý past, last
minúť to spend
minúta minute
misa bowl
mizerný miserable
mládenec lad, bachelor
mladosť youth
mladší younger
mladucha bride
mladý young
mlèanie silence
mlieko milk
mňa, ma me
mních monk
mníška nun
mnoho many
mnou with me
množstvo multitude, variety
moc power
moč urine
mocný strong (physically)
môcť can, to be able
móda fashion
moderný modern
modliť sa to pray
modrina bruise
modrý blue
môj, moja, moje my, mine
mokrý wet
more sea
morka turkey
morský sea
most bridge
motocykel motorcycle
motor engine
motorka motor bike
motýí butterfly

možno maybe, perhaps
možnosť possibility
mozog brain
mrak cloud
mravný moral, decent
mráz frost
mrkva carrot
mravec ant
mŕtvy dead
mrzieť to worry about, to be sorry
mrzutý annoyed, peevish
múčnik pastry
mudrc wise man
múdry smart
muèiť to torture
múka flour
musieť to must, to have to
muška fly
mušt juice, cider
muž man
múzeum museum
my we
mydlo soap
mýliť sa to be wrong, to make a mistake
myš mouse
myseľ mind
myšlenka idea
myslieť to think
mzda pay, wage

N & Ň

na on, at
naľavo left
náboženstvo religion
nábytok furniture
načas on time
nachádzať to find, to be located
načo for what
nad over, above
nadanie gift, talent
nadarmo in vain

nadávka insult
nádcha cold
nádej hope
nádejný promising
nádhera splendor
nadovšetko above all
ňadrá breasts
nadšený enthusiastic
nafta petroleum
nahlas loud
náhliť to hurry, to speed
nahnevaný angry
náhoda chance
nahý naked
najavo become evident
najhorší worst
najímať to hire
najlepší best
najmä especially
najobľúbenejší favorite
nájomné rent
najprv first
nájsť to find
najviac the most
nákladný freight
nakoniec finally, at last
nákup purchase
nakúpiť to purchase, to shop
nakupovať to go shopping
nálada mood
námaha effort
namerať to measure
námestie square
namiesto in place of
namietať to object
nanešťastie unfortunately
nanič of no use
naobedovať sa to have lunch
naopak the opposite, other way

naozaj really
nápad idea
napätie stress
napísať to write, to finish writing
napiť sa to drink
nápoj drink, beverage
naposledy in conclusion, for the last time
napravo right
napriek despite
napríklad for example
naproti opposite
narkoman drug addict
národ nation
narodeniny birthday
narodiť sa to be born
národný national
náš, naša, naše our
nasilu by force
nasledujúci next
násobilka multiplication
našťastie fortunately
nástenka bulletin board
nastúpiť to get in
navariť to cook
návrh proposal
návšteva visit
navštevovať to visit
navštíviť to visit
názor opinion
nebo heaven
nebohý deceased
nečas bad weather
nech let, be it
nech sa páči go ahead, help yourself
nechápať to misunderstand
nechať to let
nechávať to let, to leave
nechuť dislike, aversion

nečistota dirt
ned'aleko not far
nedeľa Sunday
nedorozumenie misunderstanding
nedospelý minor
nedostatok shortage
nedôvera mistrust
nedovolený unlawful
neha tenderness
nehanblivý shameless
nehoda accident
neistý uncertain
nejako somehow, anyhow
nejaký some (sort of)
nemanželský illegitimate
nemčina German (language)
nemoc illness
nemocnica hospital
nemravný immoral
nemý mute
nenávidieť to hate
neochotný reluctant
neosobný impersonal
neplatný invalid
nepochopiteľný incomprehensible
nepoctivý dishonest
nepohodlný uncomfortable
nepokoj unrest
neporiadok disorder, mess
neposlušnosť disobedience
nepravidelný irregular
nepravý wrong
nepriateľ enemy
nerast mineral
neraz often
nerv nerve
neschopný incapable
neskôr later

neskoro late
neskoršie later
neslušný wrong, improper
nesmrteľný immortal
nespravodlivý unjust, unfair
nešťastie unhappiness
nesvoj ill at ease
neter niece
netreba unnecessary
netrpezlivý impatient
netvor monster
neuveriteľný unbelievable
nevďak ingratitude
než than
nezamestnaný unemployed
nezaujímavý uninteresting
nezdar failure
nezdravý unhealthy
nezmysel nonsense
neznámy unknown
nezodpovedný irresponsible
nezrelý not ripe
nič nothing
nie no, not
niečo something
niekde somewhere
niekedy ever, sometimes
niekoľko some, a few, several
niekto someone, anyone
niektorý some
nielen not only
niesť to carry
niet divu no wonder
niet there isn't any
nikam nowhere, to nowhere
nikde nowhere
nikdy never

nikto no one, nobody
nízko low
no yeah
noc night
(dobrú noc) good night
nocľah accommodation
noha leg
nohavice trousers
nohavičky underwear (f)
normálny normal
nos nose
nosič porter
novela novel
november November
noviny newspaper
nový new
nôž knife
nožnice scissors, shears
nudný boring
núdzový východ emergency exit
nutnosť necessity
nuž well, but

O

o by (an amount), about
obal cover (of book)
obálka envelope
obava fear
občan citizen
občerstvenie refreshment
obchod store
(dom obchod) department store
obchodný business
občiansky preukaz citizens ID
obdivovať to admire
obdobie period, season
obecenstvo audience

obed lunch, afternoon dinner
(na obed) for lunch
obedovať to have lunch
obhajovať to defend
obidva, obidve, obidvaja both
objať to embrace
objednať to order
oblak cloud
oblasť region
oblečenie clothing
oblečený dressed
oblek suit
obličaj face
oblička kidney
obliečka pillow case
obliecť to get dressed
oblok window
obložený chlebík open faced sandwich
obľúbený favorite, popular
obrábať to cultivate
obrať to harvest, to pick
obrátiť to turn over
obraz picture
obrva eyebrow
obsadený filled up, occupied
obsluha service
obslúžiť to serve, to service
obtočiť to encircle
obyčajný ordinary
obytný dom residence
obyvačka living room
očakávať to expect
oceán ocean
oceľ steel
ochladiť to cool
ochorieť to fall ill
ochota willingness
ochrana protection

ochrnutie paralysis
ochutnať to taste
očný eye
očný lekár oculist
od malička from an early age
od, odo from, than
(mladší odo mňa) younger than I/me
odchádzať to go away, to leave
oddelenie department
odev piece of clothing
odísť to leave, to depart
odkedy from when
odkiaľ from where
odpočívať to rest, to relax
odporúčať to recommend
odpustiť to forgive
odrážať sa to be reflected
odroda variety
odstupné compensation
odsúdiť to sentence
odtiaľto from here
odvaha courage
odviezť to take away, to transport
odvtedy since
oheň fire
ohňostroj fireworks
oholiť to shave
ohromný huge
ohybný flexible
okamim moment
okamžite right away
oklamať to deceive
okno window
oko eye
okolo around, about
okrádať to steal
okraj edge, brim
okrášliť to decorate

okrem besides
okrem toho besides that
okres district
okruh circle
október October
okuliare eyeglasses
okúň pike (fish)
olej oil
omáčka gravy, sauce
omdlieť to faint
omietka plaster
omnoho by much
omša mass (religious service)
omyl mistake
on jeho (ho), ním, ňom he
ona, ňu, ňou, nej she
onedlho before long
oneskoriť sa to be late
oni they
opak reverse
opakovať to repeat
opáliť sa to sunbathe, to get a tan, to burn
opaľovať sa to sunbathe
opatrnosť precaution
opatrovať to look after
opica monkey
opiecť to bake
opísať to describe
opiť sa to get drunk
oplešivieť to grow bald
oprať to wash
oprava correction
opravovať to fix
oproti opposite
opuchnúť to swell
opýtať sa to ask, to inquire
opýtať to ask

oranžový orange
orech nut
orechovník nut roll
organizácia organization
organizovať to organize
orol eagle
osa wasp
osadený planted
osamelý lonely
osem eight
osemdesiat eighty
osemnásť eighteen
ošetrovateľ nurse (m)
ošetrovateľka nurse (f)
oslavovať to celebrate
oslobodenie liberation
osoba person
osobitný special
osobne in person
osobný vlak passenger train
ospravedlniť to excuse
ostať to remain
ostatne after all
ostriť to sharpen
ostrov island
osud destiny
osviežiť to refresh
otázka question
otcov father's
otec father
otrava poison
otužiť to strengthen
otvárač opener
otvárať to open
otvorený open
otvoriť to open
ovca sheep
ovčiak sheepdog
oveľa (by) a lot

ovládať to have mastery over, to control
ovocie fruit
ovocný fruit
ozaj really
oženiť sa marry (only if a man)
označenie designation
oznámenie (reklama) advertisement

P

mať pravdu to be right
pach smell
pacient patient (medical)
páčiť sa to please, to like
padnúť to fall
palacinka pancake
palec thumb
palivo fuel
pamäť memory
pamätať sa to remember
pán Mr.
pančucha stocking
Pani Mrs., Ms.
Panna virgin, maiden
papier paper
papierový paper
paplòn quill
paprika paprika
papuča slipper
pár pair, couple
para steam
paradajka tomato
pardón excuse me, sorry
park park
parkovisko parking
párok frankfurter
pás belt, waist
päť five
päťdesiat fifty

päťdesiaty fiftieth
pätka five
pätnásť fifteen
pátranie search
pečeň liver
pečený roasted
pečivo pastry
pekár baker
peklo hell
pekný pretty
peniaze money
pero pen
pes dog
pešo, peši on foot
pestovať to raise, to cultivate
petržlen parsley
pevný firm, solid
piatok Friday
piaty fifth
pieseň song
pilník file
pilot pilot
písať to write
piť to drink
pitie drink
pivnica cellar
pivo beer
plachta sheet
plakať to cry
plán plan
plánovanie planning
plánovať to plan
plat pay, salary
platiť to pay
platňa record
plávať to swim, to sail
plaviť sa to sail
plavky swimming suit
pláž beach
plece shoulder
plechovka can
ples dress up ball
plešivieť to grow bald
plesnivý moldy

pleť complexion
pliesť to weave, to knit
plnka stuffing
plný full
plod fruit
plomba filling in a tooth
plot fence
pľúca lungs
plytký shallow
po after
pobyt stay
počas during
počasie weather
pochopiť to understand
pochovať to bury
pochvala to praise, compliment
pochybovať to doubt
počiatok beginning
pocit feeling
počítač computer
počkať to wait
počuť to hear
počúvať to listen to
pod under, beneath
podať to give, to pass
podľa according to
podlaha floor
podobný similar
podozrivý suspicious
podpis signature
podujatie undertaking
poduška cushion
podvod deception
pohár glass, tumbler
pohľadnica picture postcard
pohodlie comfort
pohodlný comfortable
pohyb motion
poistenie insurance
pokazený spoiled, ruined

pokaziť sa to get ruined, to brake
pokaziť to spoil
pokiaľ as far as
pokladňa cashier's (stand)
pokladnica cashier's (stand)
pokoj peace
pokuta fine, ticket
pol half
pole field
poleva icing, glaze
policajná stanica police station
policajný police
policajt policeman
polievka soup
polkila half a kilo
polnoc midnight
položiť to lay, to put down
poľština Polish (language)
pomáhať to help
pomaranč orange
pomer relationship
pomerne comparatively
pomník monument
pomoc help, aid
pomôcť to help
pomsta revenge
ponáhľať sa to be in a hurry
pondelok Monday
ponechať to leave
ponožky socks
ponúkať to offer
poobede in the afternoon
poplach alarm
poplatok fee charged
popolník ashtray
popoludní afternoon
populárny popular
poradiť sa to get advice

poradiť to advise
porcia portion
poriadok order, schedule
porodiť to give birth
porozprávať to converse
porucha break down
posadiť to plant
poschádzať to congregate
poschodie floor
poslať to send
posledný last
poslušný obedient
pošta post office, mail
postava figure, character
posteľ bed
posúdiť to judge
pot perspiration, sweat
potešenie delight, pleasure
potok stream
potom then, later
potrava food
potraviny food
potrebný necessary
potrebovať to need
potvrdenie confirmation
použiť to use
používať to use
povaha mood, character
povala ceiling
povedať to say
povinnosť duty, obligation
povolenie permission, permit
povrch surface
pozajtra day after tomorrow
pozdrav greeting

pozemok land, lot
pozerať to watch, to view
požiar fire
požičať to lend
poznámka note
poznať to know (a person)
pozor caution
pozrieť sa to take a look
pozvať to invite
práca work, job
prach dust
pračka washing machine
pracovať to work
pracovitý diligent, hard-working
pracovňa work room
pracovník worker
pracovný deň work day
prasa pig
pravda truth
pravdaže for sure
pravdepodobne probably
práve right, only just
praveký primeval, prehistoric
pravidelne regularly
právo right, law
prázdny empty
praženica scrambled eggs
pre for (the benefit of)
preč away, gone
prechádzka walk, stroll
prechladnúť to catch a cold
prechodne temporarily
prečítať to read (through)
prečo why

pred in front of
predavačka saleslady
predávať to sell
predmestie suburb
predmet subject
predpoludnie forenoon
predpoveď forecast
predsa after all
predsieň (front) hall
predstaviť si to imagine
predtým earlier
predvádzať to perform
predvčerom day before yesterday
predvolanie summons
prehrať to lose
prehrávať to lose
prejsť to cross
preklad translation
prekvapený startled
preliezť to crawl across
premávka traffic
prenajať to hire, to rent
prepáč(te) excuse me
prepáčiť to excuse, to forgive
prepitnè tip
prepych luxury
prerušiť to disconnect
presný exact, precise
prestavba restructuring
prestávka intermission, break
presvedčený convinced
presýtiť to saturate
preteky competition
preto therefore, because
preukaz identity card
prezývka nickname
pri near, next to
priam downright

priamo straight, directly
priať to wish
priateľ friend (m)
priateľka friend (f)
príbeh story
príbuzný relative
prichádzať to arrive
príchod arrival
pridelenie allocation
priechod passage
priemerný average
priemysel industry
priestupok infraction
prievan draft
príhoda incident
príjemný agreeable
priletieť to arrive by air
príležitosť occasion, opportunity
príliš too (much)
primeraný appropriate
priniesť to bring
prípad case, incident **(v každom prípade)** in any case
priplatiť to pay extra
príplatok surcharge
pripravený ready
pripraviť to fix
pripravovať to prepare, to fix
príroda nature
príslovie proverb
príslušenstvo things that belong
prísny strict
prísť to come, to arrive
pristať to suit, to agree, be becoming
príťažlivý attractive
prítomnosť the present

prízemie first (ground) floor
priznať to confess
problém problem
profesor professor
program program
prosím please
prosiť to ask for, to beg
prostý simple, plain
proti against
protivný repugnant, despicable
pršať to rain
prsia breast
prst finger
prsteň ring
prvý first
pstruh trout
puding pudding
pukance popcorn
pulóver pullover
pupok navel
pýcha pride
pýtať sa to ask

R

rad row
rád, rada, mať rád to like
rada advice
rádio radio
radnica city hall
radosť pleasure
radšej rather
raj paradise
rajčina tomato
rak crayfish
rakovina cancer
Rakúsko Austria
rakva coffin
rameno arm
raňajky breakfast
ranený injured, hurt
ráno morning, in the morning

(dobré ráno) good morning
rásť to grow
rastlina plant
rátať to count
raz (counting) one, once
rebro rib
reč speech, language
redkovka radish
remeň belt
remeselník craftsman
rentabilný profitable
repa beet
rešpektovať to respect
reštaurácia restaurant
reuma rheumatism
rezance noodles
rezeň cutlet
riad crockery
riadiť to drive
riaditeľ director
ríbezle currents
rieka river
robiť to do, to work
robot robot
robota work
robotník worker, laborer
ročný yearly
rodič parent
rodina family
rodiť sa to be born
rodný native, native born
roh corner
rok year
roľník peasant
ropa crude oil
roštenka roast beef
rovnaký equally
rovno straight
rozbiť to break
rozčúlený excited
rozdiel difference

rozhlas broadcast
rozhodovať to decide
rozhovor conversation
rozkaz command
rozkoš pleasure
rozličný various
rozlúčenie leave, separation
rozmanitý diverse
rozmar whim
rozmaznať to spoil
rozmeliť to grind up
rozmnožiť to multiply
rozmýšlať to think
rozmyslieť si to reconsider
rôzny various
rozobrať to take apart
rožok bun, croissant
rozoznať to recognize
rozpaky embarrassment
rozpárať to rip
rozprávať sa to converse
rozprávka story, tale
rozpúšťať to dissolve
rozsah extent
rozsiahly extensive
rozšíriť to disseminate, make wide
rozsypať to spill
rozum mind
rozumieť to understand
rozvíjať sa to unfold, to develop
rozvod divorce
rozvoj development
rozvrh schedule
rozzúriť to enrage
ruch bustle
ručiť to guarantee
ručník kerchief
ručný manual
ruka hand, arm

rukáv sleeve
rukavica glove
rukojemník hostage
ruský Russian
ruština Russian (language)
rúž lipstick
ruža rose
ružový rose (colored), pink
ryba fish
rýchlik express train
rýchlosť speed
rýchly quick, rapid
ryža rice

S

s, so (together) with
sa oneself
sako jacket
saláma salami
salaš sheep farm
sám, sama, samo self, by oneself,
samoobsluha self service
samostatný independent
samota solitude
samovražda suicide
samozrejme of course, obviously
sane sleigh
sanitka ambulance
sardinky sardines
schádzať sa to meet, to assemble
schod stair
schodište staircase
schôdza meeting
schopnosť capability
schopný capable
schválenie agreement
seba oneself
(sebou, sebe, si) one, self

(vedľa seba) next to each other
sebadôvera self confidence
sebec egoist
sedem siedmi seven
sedemdesiat seventy
sedemnásť seventeen
sedieť to sit
sedliak peasant
sekunda second
sem this way
sen dream
september September
servítka napkin
servus hi, bye (informal)
sesternica cousin (f)
sestra sister
sever north
severný northern
sezóna season
síce otherwise
sídlisko habitation
silný strong
Silvester New Year's Eve
sirota orphan
situácia situation
skazený spoiled
skladateľ composer
sklamanie disappointment
sklo glass
skok jump
skončiť to end, to finish
skontrolovať to check
skonzumovať to consume
skôr sooner
skoro almost, soon, shortly, nearly
skorý soon
skracovať to shorten
skriňa cupboard, wardrobe

skromnosť modesty
skrotený trained
skrutkovač corkscrew
skrytý hidden
skúmať to investigate
skupina group
skúsenosť experience
skúsiť to try
skúška examination
skutočne really, indeed
skvelý great
slabosť weakness
slabý weak
sladkosť sweet
sladký sweet
slamka straw
slanina bacon
slaný salty
slávnosť festival
slávny famous
slečna miss
sledovať to follow
slezina spleen
sliepka chicken
slivka plum
slivovica plum brandy
slnečný sunny
slnko, slnce sun
sloboda freedom
slobodný free
slon elephant
Slovák Slovak (man)
slovenčina Slovak (language)
Slovenka Slovak woman
Slovensko Slovakia
(na Slovensku) in Slovakia
slovenský Slovak
(po slovensky) in Slovak
slovník glossary, dictionary
slovo word
slovom in brief
sľub promise

slušný right, proper
služba service
slza tear
smäd thirst
smädný thirsty
sme, ste, sú *see byť*
smelý daring
smer direction
smetisko garbage dump
smiať sa to laugh
smiešny funny
smieť may, could
smotana sour cream
smrdieť to smell bad, to stink
smrť death
smutno sad
smutný sadly
smútočný mournful
snáď perhaps
sneh snow
snežiť to snow
snívať to dream of
snúbenec fiance
snúbenica fiancee
sobáš wedding
sobota Saturday
socha statue
sóda soda (pop)
sok rival
sokol falcon
soľ salt
solídny respectable
soľnička salt shaker
somár donkey
sotva hardly
sova owl
spadnúť to fall down
spálňa bedroom
spať to sleep
spievať to sing
spisovateľ writer
splašiť sa to panic
splnomocnenie power of attorney
spodky underwear (m)

Spojené Štáty United States
spojenie connection
spojiť to bind, to link
spokojný satisfied
spoločník companion, partner
spoločnosť society, company, party
spolu together
spolupracovať to cooperate
spolužiačka schoolmate (f)
spolužiak schoolmate (m)
spomienka memory, recollection
spomínať si to recall
spomínať to recall, to remember
sporák cooking range
sporiť to save
spôsobiť to cause
spôsobovať to cause
spotreba consumption
správa piece of news
správca manager
spraviť to make
správny correct
spravodlivosť justice
sprcha shower
spresňovať to make precise
sprievodca guide
sprostý stupid
spýtať sa to ask, to inquire
srdce heart
srdečny cordial, wholehearted
srna doe
stačiť to be enough
sťahovať to move
stále constantly
stan tent

stanica station
stánok kiosk, sales booth
starať sa to try for, to care for
staroba old age
starostlivý careful
starožitnosť antique
starý old
stať sa to happen, to become
stáť to stand, to be standing
statočný brave
stav condition
stavanie building
stavať to build
staviteľ builder
stávka strike
sťažnosť grievance, complaint
stehno thigh
stejk steak
stena wall
stiahnuť to pull off
stíhať to arrive on time, to pursue
stihnúť to arrive on time
sto hundred
stôl table
stolička chair
storočie century
stovka one hundred
strach fear
stráň hillside
strana side
strapatý dishevelled
strašný terrible
stratiť to lose, to waste
strava food
stráviť to spend
streľba shooting
strecha roof
streda Wednesday
stredisko center

stredný middle
stretnúť to meet
strieborný silver
striebro silver
stroj machine
strom tree
strýko uncle
studený cool
studòa well
stúpať to climb
styk connection
súčasný contemporary
súčasť component, part
suchár cracker
suchý dry
súcit compassion
sud barrel
súd court
súhlasiť to agree
sukňa skirt
súkromie private
súmrak dusk
súrny speedy
súrodenec sibling
surový raw, brutal, crude
sused neighbor (m)
susedka neighbor (f)
susedný neighboring
sušený dried
sústrasť condolence, sympathy
sústrediť to concentrate
súťaž competition
súvislosť connection
svadba wedding
sval muscle
svätý saint
svedčiť to testify
svedok witness
svet world
sveter sweater
svetlo light
svetlý light (colored)

svetový worldly
svetoznámy world famous
sviatok holiday
sviečka candle
svietiť to shine, to light
svieži fresh
sviňa pig
svitanie daybreak
svokor father-in-law
svokra mother-in-law
svrbieť to itch
sympatický nice
syn son
synovec nephew
sypať to pour
syr cheese

Š

šach chess
šál scarf
šalát salad
šálka cup
šašo fool, clown
šaty clothing, dress
šedý gray
šéf chief, boss
šek check
šepkať to whisper
šero dusk
šesť six
šesťdesiat sixty
šestnásť sixteen
šetriť to save
šialený mad, lunatic
šibal rogue
šija neck
šíriť to widen, to broaden
šírka width
široký wide, broad
šiška doughnut
šiť to sew
škaredý ugly
škatuľka box

škoda času a waste of time
škoda harm, too bad
škodec pest
škola school
škorica cinnamon
škrob starch
škrupina shell
škvrna stain
šmýkať to slide
šnúra line, string
šofér driver
šortky shorts
šošovica lentil
španielsky Spanish
španielština Spanish (language)
špáradlo toothpick
špargľa asparagus
špeh spy
špenát spinach
špendlík pin, safety pin
špička tip
špina dirt
šport sport
športový sport, sports
šťastie happiness
šťastný happy
štát state
štátny state
šťava juice
štedrosť generosity
Štedrý Večer Christmas Eve
štekliť to tickle
štíhly slender, slim
štípať to sting
štipendium scholarship
štrnásť fourteen
študent student (m)
študentka student(f)
študovať to study
štuka pike (fish)
štúr crab

štvrť quarter
štvrtok Thursday
štvrtý fourth
štyri four
štyridsať fourty
šumivé víno sparkling wine
šunka ham
šuškať to whisper
švagor brother-in-law
švagriná sister-in-law
švihadlo jump rope

T & Ť

tabletka tablet
tabuľa blackboard
tácňa tray
ťahať to pull, to drag, to tow
tajne secretly
tak so, then, as
takmer almost
takto like this
talent talent
taliansky Italian
tam there
tancovať to dance
tanier plate
taška handbag
tavený melted, processed (cheese)
taxík taxi, cab
taxíkový taxi
ťažkosť difficulty
ťažký heavy, hard, difficult
teda then, so, in that case
tehotná pregnant
tekvica pumpkin
teľa calf
teľací veal
telefón telephone
telefonicky by phone
telefonovať to telephone

televízia television
televízor television set
telo body
temer almost
temný dark
ten, tá, to that one
tenis tennis
tenký thin
tento, táto, toto, this one
tentokrát this time
tep pulse
tepláky sweat suit
teplota temperature
teplý warm
tepna artery
teraz now
tešiť to gladden, to please
tesný tight
test' father-in-law
testiná mother-in-law
teta aunt
tetka aunt
texasky blue jeans
ticho silence
tichý quiet
tiecť to flow, to leak
tieň shadow
tiež also
tlačiť to press, to print
tlak pressure
tlmočník interpreter
tlstý fat
tma darkness
tmavý dark
tolerantný tolerant
toľko so many
topánka shoe
torta cake
tovar freight, goods
továreň factory
trať rout, track
tradičný traditional

trafika news and tobacco shop
trafiť to hit
trápiť sa to worry
tráva grass
tráviť to spend, to digest
treba it is necessary, one must, one ought
treska cod
trest punishment
trestný criminal
tretí third
tretina one third
trh market
tri, traja, troje three
tričko tee shirt
tridsať thirty
trieda class
trinásť thirteen
trochu little
trolejbus trackless trolley
trošku little
trovy expenses
trpezlivosť patience
trpieť to suffer
trpký bitter
trvalý permanent
trvať to last, to persist
tu here
tucet dozen
tučniak penguin
turecký Turkish
turista tourist
tvár face
tváriť sa to become, to pretend
tvoj, tvoja, tvoje your
tvrdiť to affirm
ty, teba, ťa, tebe, ti, tebou you
typ type

týždeň week

U

u at, near, by
u vás at your place
úľava relief
ublíženie injury, to do wrong
úbohý poor
ubytovanie accommodations
účasť participation
učeň pupil
učenec scientist
učenie learning
účes hairdo
učesať sa comb one's hair
účet receipt, bill, check
uchádzať to run away
ucho ear
učiť sa to study
učiť to teach
učiteľ teacher (m)
učiteľka teacher (f)
úcta honor, respect
účtenka sales slip
účtovníčka accountant (f)
účtovníctvo bookkeeping
účtovník accountant (m)
údaj information
udalosť happening, occurrence, event
udenáč smoked fish
údolie valley
udrieť to hit, to strike
udržiavať to keep, to maintain
uhlie coal
uhorka cucumber, pickle
uistiť to assure

ujko uncle
ujo uncle
ujsť to run away
ukazovať to show
uľahčiť to make easier
ulica street
úloha lesson
um mind, brains
umelec artist
umenie art
umierať to die
umožniť to make possible
umyť sa to wash (self)
umývadlo sink
umyváreň washroom
umývať to wash
unavený tired
únik escape
univerzita university
úpal sunstroke
upiecť to bake
uplatňovať to be of use
úplne completely
upokojovať sa to calm down
upozornenie warning
upratovanie cleaning
upratovať to clean, straighten up
upravený arranged
uprchlík refugee
úprimnosť sincerity
úrad office
úradníčka clerk, office worker (f)
úradník clerk, office worker (m)
úraz accident, injury
uraziť to insult
určite surely, really, of course
urobiť to do, to make
úroda harvest

113

úroveň standard
úschovňa coat room, safe keeping
usilovný diligent
usmažiť to fry
usmievať sa to smile
úspech success
ústa mouth
ústav institute
ústava constitution
ústredňa central station
ustrica oyster
utekať to run off
utiecť run off
útok attack, aggression
utopiť to drown
utorok Tuesday
uvariť to cook, to boil
úver credit
uveriť to believe
uvidieť to see, to spot
uvoľniť sa to free oneself
už already, yet
užasnutý astonished
územie territory
úžitok gain, profit
užívať to use
úzky narrow
uznať to acknowledge

V

v, vo in
väčmi more, for the most part
vačok pocket
väčší greater (comp of **veľký**)
väčšina majority
vagòn railroad car
váha scale
vajce egg
valuta foreign money

vaňa bath
vankúš pillow
vánok breeze
varenie cooking, boiling
variť to cook, to boil
váš, vaša, vaše your (pl)
vášeň passion
väz nape, back of the neck
väzenie prison
vážený esteemed
vážiť to weigh
vážny serious, important
včas on time
včela bee
včera yesterday
vchod entry
vďačne gladly, kindly
vďačný thankful, grateful
vďaka thanks
vdova widow
vdovec widower
vec thing
večer evening
večera supper
večerpaný exhausted
večierok party
večnosť eternity
veď why, indeed
veda science
vedieť to know, know how
vedľa alongside, next to
vedľajší adjoining, next
vedomie consciousness
vedúci leader, manager
vek age
veľa much, a lot of something

veľkosť size
veľký great, large, big
veľmi very
veľmoc great (super) power
veľryba whale
venovať to devote to
veranda porch
verejný public
veriť to believe
vernosť fidelity, loyalty
veru truly, in truth
veselica festivity
veselo merrily
vešiak hanger
vesmír universe
veta sentence
vetva branch
veverica squirrel
veža tower
vhodný suitable
viac more (of)
(najviac) most
Vianoce Christmas
viazanka necktie
víchrica hurricane
video VCR
vidiek country(side)
vidieť to see
vidlička fork
viera faith, belief
viesť to guide, to lead
vietor wind
víkend weekend
vina fault
vináreň wine tavern
vinársky wine-grower's
vinica vineyard
víno wine
visieť to hang
višňa sour cherry
vitaj, vitajte welcome

víťazstvo victory
vízum visa
vkus taste
vláda government
vlak train
vlani last year
vlas hair
vlasť country
vlastne actually
vlastníctvo ownership
vlastnosť property, trait
vlastný own
vľavo on the left
vlčiak german shepard (dog)
vlhký moist
vlk wolf
vlna wool
vnučka granddaughter
vnuk grandson
vnútornosti intestines, bowels
vnútri inside
vôbec at all
voda water
vodca leader
vodič driver
vodičský preukaz driver's license
vodopád waterfall
vojak soldier
vojna war
vôl ox
vôľa will
voľakedy long ago
volať sa to be called
volať to call
voľba election
volejbal volley ball
voľný free
von outside
voňavka perfume
vonku oustide
voz car
vozeň wagon
vozidlo vehicle

115

vpravo on the right

vpredu up front, in front

vrabec sparrow

vracať sa to return, come back

vrah murderer

vraj it is said

vráska wrinkle

vrátiť sa to return

vravieť to say, to gab

vravievať to talk

vražda murder

vrch hill

vrece bag, sack

vreckovka handkerchief

vred ulcer

všade everywhere

však however, to be sure

všedný ordinary

všeličo all sorts of

všelijako all kinds of

všeobecne generally

všetci all, everyone

všetko everything

všetko jedno it's all the same

všetok, všetka, všetko all

všimnúť si to notice

vstať to get up

vstávať to rise, get up

vstup entrance, admittance

vstupenka ticket

vták bird

vtedy then

vtip joke

vy, vás, vám, vami you

vybaviť to take care of, provide

vybavovať to execute, work on, take care of

výber choice

výbor committee

výborný excellent

výbrať to choose, to pick, to select

výbušný combustive

vychádzať to leave, to depart

východ east

východný eastern

vyčistiť to clean

vydatá married (of a woman)

výdavky expense

vydržať to endure

vyháňať to chase

vyhovieť to please

vyhovovať to suit

výhra win

vyhrávať to win

vyhubiť to exterminate

vyjadrovať to reveal

vyjsť to go out

vykúpať sa to bathe

výlet excursion, trip

výmena exchange

výnimka exception

vypadať to turn out

vypadnúť to fall out, slang: clear out

vypiť to drink (up)

vyplatiť to pay out

vyplniť to fill up

výpoveď notice

vyprážaný roasted, fried

výpredaj sale

vyrábať to earn, make, produce

vyrásť to grow up

výroba production

vyrobiť to earn, to produce

výročie anniversary

vysťahovať to move out, to emigrate
vysávač vacuum cleaner
vyše above
výška height
výskum research
výsluch interrogation
vysmievať to laugh at
vysoký high
vystúpiť to get out
vystupovať to get out
vysvedčenie certificate
vysvetliť to explain
výťah elevator, lift
vytiahnúť to pull out
výtržnosť riot, disturbance
vytravalý persistent
vytriezvieť become sober
využívať to utilize
vývar broth
vyvesený displayed, hung out
vývrtka corkscrew
vyzerať to look, to appear
výživa nourishment
vyzliecť to undress, to strip
význam meaning, significance
vzácny rare
vzadu in back, behind
vzájomný mutual
vzdelanie education
vzdialený distant
vzduch air
vždy always
vziať to take
vznikať to arise, to originate
vzor example
vzťah relationship

Z

z from, out of
zľutovanie mercy
za in, after, behind, beyond
zaľúbiť sa to fall in love
zabaliť to wrap up
zábava party
zabávať sa to enjoy oneself, have a good time
zabaviť sa to amuse, to enjoy
zabíjačka hog feast
zabiť to kill
zablúdiť be lost
zabrať to take up, to occupy
zabudnúť to forget
začať to begin
zachádzať to drop in on
záchod toilet
záchrana rescue
záchvat seizure
začiatok beginning
začínať to begin
záclona curtain
zadarmo free of charge
zadok backside, rear
zadovažovať to procure
záhada mystery
záhrada garden
zahraničný foreign
zahrať to play
zaistiť to ensure
zajac rabbit
zajakať sa to stutter
zájazd excursion, trip
zájsť to go after
zajtra tomorrow
zakázať to forbid
zakaždým always

zákazka order
zákazník customer
základ basis, foundation
zakladať sa to be based on
zaklopať to knock
zákon law
zákusok pastry
záležať to depend
záloha deposit
zameniť to change, to replace
zamestnanie profession
zamknúť to lock up
zámočník locksmith
zámok castle
zamračený cloudy
zanedbať to neglect
zaneprázdený busy
zaniknúť to become extinct
zaoberať concern oneself with
zaostávať to lag behind
zápach smell
západ west
zapadnúť to fall into, set
západný western
zápal inflammable
zápalka match
zapaľovač lighter (flame)
zápas match, game, contest
zápästie wrist
zápcha constipation
zaplatiť to pay
záporný negative
zarábať to earn, to make
zármutok grief, sorrow
zasa however

zasadanie session
zasnúbený engaged
zásoba stock
zástava flag, banner
zastaviť to stop
zastávka (bus) stop
zastavovať to stop
zástrčka plug
zastreliť to shoot (shot to death)
zástupca representative
zastúpiť to substitute
zásuvka drawer, socket
zať son-in-law
zatelefonovať to telephone
zatiaľ meanwhile
zátka cork
zatknúť to arrest
zato for that reason, therefore
zatrepať to shake, beat
zatvárať to close
zatvorený closed
zatvoriť to close
zaujímať sa to be interested in
zaujímať to interest
zaujímavý interesting
závadný faulty, defective
záváranina preserves, bottled fruit
záväzok pledge, commitment
zavčas early
záver conclusion
závet last will
závidieť to envy
zaviesť to lead
závin apple roll
zaviniť to cause
závisieť to depend

závisť envy
závod factory, plant
zavolať to call
zavše sometimes
zažať to switch on the light
zážitok experience
zaznamenať to register
zázračný wonderful, marvelous
zazvoniť to call up
zbabelec coward
zberateľ collector
zbierať to gather, to collect
zbierka collection
zblízka not far away
zbohom goodbye, go with God
zbraň weapon
zbytočne of no purpose, useless
zďaleka far away
zdať sa to seem
zdediť to inherit
zdobený decorated
zdola from below
zdravie health
zdravý healthy, well
združený associated
zdržať sa to stay
zdvorilý polite
zelenina greens, vegetables
zeleninový vegetable
zelený green
zeler celery
zem land, country, earth
zemeguľa globe, the earth
zemiak potato
zhltnúť to swallow
zhnitý rotten
zhora from above

zhoršovať sa to worsen
zhotovený constructed
zhotoviť to make, to complete
zhrešiť to sin
zhromaždenie gathering
zhromaždiť to accumulate
zima winter, cold
zimný wintry
zisk profit
získavať to obtain
zistiť to discover
zívať to yawn
zjazd congress
zjesť to eat
zlato gold
zlatý gold(en)
zle bad(ly)
zlepšiť sa to improve
zlepšovať sa to improve
zločinec criminal
zlodej robber
zlomenina fracture
zlomiť to break
zlosť anger
zložitý complicated
zlozvyk bad habit
zlúčiť to unite
zlý bad
zmeniť to change
zmenšiť to make smaller
zmiešať become mixed
zmiznúť to disappear
zmluva contract
zmoknúť to get wet
zmrazený frozen
zmrzačený deformed
zmrzlina ice cream
zmysel sense
značka sign
znak sign
znalec expert

znamenať to mean
znamenie sign
známka stamp, mark, grade
známy acquaintance
znášať to stand, to endure
znásilniť to rape
zničiť to destroy
znížiť to lower
znova again
znútra from within
zobrať take away
zobudiť to wake up
zoči-voči face to face
zodpovednosť responsibility
zohriať to warm up
zomrieť to die
zoologická záhrade zoological garden, zoo
zošit notebook
zostať to remain, to stay
zostávať to remain, to stay
zotavenie recovery
zotrvať to persist
zoznam directory
zoznámiť to get, to know
zradca traitor
zrak sight
zranenie injury
zrážka collision
zrazu sudden
zrejme evidently
zrelý ripe
zriedka seldom
zrkadlo mirror
zrno grain
zručnosť skill
zrušiť to cancel
zub tooth
zubár dentist

zubný lekár dentist
zúfalý desperate
zúrivý furious
zúžiť narrow
zväčša mostly
zväčšiť to increase
zväz union
zvedavý curious
zvesť report, piece of news
zviera animal
zvláštny special, particular
zvolať to summon
zvoliť to elect
zvoniť to ring
zvyk custom, habit
zvyknúť to accustom
zvyšky leftovers, scraps

Ž

žaba frog
žalár jail
žalovať to accuse
žalúdok stomach
žart joke
žartovať to joke
žatva harvest
že that
žehlička iron
žehliť to iron
žehnať to bless
želať to wish
želé jello
železo iron
žemľa roll, bun
žena woman
ženatý married (of a man)
ženích bridegroom
ženský feminine
žiačka school girl, pupil
žiadať to demand
žiadny, žiadna, žiadne none, no

žiadosť request
žiaľ sorrow
žiariť to shine
žiarlivosť jealosy
žiarovka light bulb
žičlivo wholeheartedly
židovský Jewish
žila vein
žinčica drink (sheep's milk)
žiť to live, be alive
žito rye
živobytie livelihood
živočích animal
živorenie surviving
život life
životopis biography
živý alive
žľaza gland
žlčník gall bladder
žltohnedý tan
žítok yolk
žltý yellow
žobrák beggar
žralok shark
žrať to devour
žreb lottery ticket
župan robe
žuť to chew
žuvačka chewing gum

A

able môcť
about o
above all nadovšetko
above nad, vyše
accident nehoda
accident úraz
accommodation nocľah, ubytovanie
according to podľa
accountant účtovník
accumulate (to) zhromaždiť
accuse (to) žalovať
accustomed (to) zvyknúť, zvykať
acknowledge (to) uznať, uznávať
acquaintance známy
act čin
action dej
activity činnosť
actor herec
actress herečka
actually vlastne
additional dodatočný
address adresa
adjoining vedľajší
admire obdivovať
adult dospelý
adventure dobrodružstvo
advertisement inzerát, oznámenie, reklama
advice rada
advise (to) radiť, poradiť
affirm (to) tvrdiť
Africa Africa
after all ostatne, predsa
after po
afternoon poobede, popoludní
again znova, znovu
against proti

age vek
agree (to) pristať, súhlasiť
agreeable príjemný
agreement (the) dohoda, schválenie
agreement dohodnutý
air conditioning klimatizácia
air mail letecký
air vzduch
airplane lietadlo
airport letisko
alarm poplach
alas beda
alcohol alkohol
alcoholic alkoholický
all kinds of všelijako
all sorts of všeličo
all the same všetko jedno
all všetci (pl)
all všetok, všetka, všetko
allocation pridelenie
allow (to) dovoliť
almost skoro, temer, takmer
alone sám, sama, samo
already už
also aj, tiež
although hoci
always vždy
ambitious ctibažný
ambulance sanitka
America Amerika
American Američan
American americký
American woman Američanka
and a, i
and so forth atď (a tak ďalej)
anger hnev, zlosť
angry (to be) hnevať sa

angry nahnevaný
animal zviera, živočích
anniversary výročie
announce (to) hlásiť, vyhlásiť
annoyed mrzutý
another druhý, iný
anthem hymna
antique starožitnosť
any time hocikedy
anyone dakto
apartment byt
appear vyzerať
apple jablko, jablkový
apple roll závin
appropriate primeraný
apricot marhuľa
April apríl
arm rameno
arm ruka
armchair kreslo
army armáda
around okolo
arranged upravený
arrest (to) zatknúť, zatkýňať
arrival príchod
arrive by air priletieť
arrive on time stihnúť, stíhať
arrive (to) prichádzať
art umenie
artery tepna
article článok
artist artista, umelec
as far as pokiaľ
as many as až
as soon as akonáhle
ashamed (to be) hanbiť sa
ashtray popolník
Asia Ázia

ask (to) opýtať sa, pýtať sa
asparagus špargľa
assemble (to) schádzať sa
associated združený
assure (to) uistiť
astonished užasnutý
at all vôbec
at least aspoň
at once ihneď
at other times inokedy
at u
at your place u vás
attack útok
attractive príťažlivý
audience obecenstvo
August august
aunt teta, tetka
Austria Rakúsko
automate (to) automatizovať
autumn jeseň, jesenný
average priemerný
away preč

B

baby decko, dieťa
bachelor mládenec
back chrbát
backside zadok
bacon slanina
bad zlý
badly zle
bag vrece
bake (to) opiecť, upiecť
baker pekár
balcony balkón
bald lysý, plešivý
bald (to become) oplešivieť
ball guľa, lopta
banana banán
band (music) kapela
bank banka

barely ledva
bark kôra
barrel sud
basketball basketbal
bathtub vaňa
bathe (to) vykúpať
sa, kúpať sa
bathroom kúpeľňa
baths kúpele
be byť
be (to) som, si, je,
sme, ste, sú
be afraid (do not)
neboj sa
be afraid báť sa
be awake bdieť
be based on zakladať
sa
be born rodiť sa,
narodiť sa
be it nech
be late oneskoriť sa
be of use uplatniť,
uplatňovať
be quiet čušať, mlčať
be right mať pravdu
be sad cnieť
beach pláž
bean fazuľa
bear medveď
bearded fúzatý
beauty krása
because lebo, preto
become evident najavo
become extinct
zaniknúť, zanikať
become insane
blaznieť
become mixed zmiešať
become sober
vytriezvieť
become stať sa
bed posteľ
bedroom spálňa
bee včela
beef hovädzie
beer pivo

beet cvikla, repa
before long onedlho
beggar žobrák
begin začať, začínať
beginning počiatok,
začiatok
behind vzadu, za
beige béžový
belch (to) grgať
believe (to) uveriť,
veriť
belt remeň, pás
bench lavica
berry bobuľa
besides okrem
besides that okrem
toho
best najlepší
better lepší
between medzi
bicycle bicykel
big veľký
bind (to) spojiť
biography životopis
biology biológia
bird vták
birthday narodeniny
bite (to) hrýzť
bitter horký, trpký
black čierny
black man černoch
blackboard tabuľa
blanket deka
bless (to) žehnať
bliss blaho
blood krv
blouse blúza
blue jeans texasky
blue modrý
boat loď
body telo
bone kosť
book kniha
bookkeeping
účtovníctvo
border hranica
boring nudný

boss šéf
both obidva, obidvaja, obidve
bottle fľaša
bottom dno
bowl misa
box škatuľa
boy chlapec
brain mozog
brake brzda
branch vetva
brandy koňak
brave statočný
bread chlieb
break (to) zlomiť
bad habit zlozvyk
break down porucha
break (to) lámať, rozbiť
breakfast raňajky
breast prsia, ňadrá
breathe (to) dýchať
breeze vánok
bride mladucha
bridegroom ženích
bridge most
brief slovom
bring (to) doniesť, donášať, priniesť, prinášať
broadcast rozhlas
broaden (to) šíriť
bronze bronzový
broth vývar
brother brat
brother-in-law švagor
brown hnedý
bruise modrina
brush kefa
buffet bufet
bug chrobák
build (to) stavať
builder staviteľ
building budova
building (under construction) stavanie

bull býk
bulletin board nástenka
bump hrča
bun žemľa
burn (to) horieť
bury (to) pochovať
bus autobus
bus stop zastávka
bush ker
business obchodný
bustle ruch
busy zaneprázdnený
but ale, lenže, nuž
butter maslo
butterfly motýl
button gombík
buy (to) kúpiť, kupovať
by the way mimochodom

C

cabbage kapusta
café kaviareň
caffeine kofein
cake torta
calf teľa
call (to) volať, zavolať
call up by phone (to) zazvoniť
called (be) volať sa
calm down upokojiť, upokojovať
calm kľud
camera fotoaparát
camping kemping
can konzerva, plechovka
can (do) môcť
Canada Kanada
cancel (to) zrušiť
cancer rakovina
candle sviečka
candy cukrík
capability schopnosť
capable schopný

car auto, voz
card karta
care for starať sa
careful starostlivý
caress hladiť, hladkať
carp kapor
carrot mrkva
carry (by vehicle) doviezť
carry niesť, nosiť
carton kartón
case (in any) v každom prípade
case prípad
cashier's pokladňa, pokladnica
cassette kazeta
castle hrad, zámok
cat mačka
catch a cold prechladnúť, nachladnúť
catch (to) chytať, chytiť
catholic katolícky
cauliflower karfiól
cause (responsible for) zaviniť
cause (to influence) spôsobiť, spôsobovať
caution pozor
cave jaskyňa
ceiling povala
celebrate osláviť, oslavovať
celery zeler
cellar pivnica
cemetery cintorín
center stredisko
central station ústredňa
century storočie
ceramic keramika
certainly istota, isteže

certificate vysvedčenie
chair stolička
chalk krieda
chance náhoda
chandelier luster
change (money) drobné
change (to) zmeniť, zameniť, meniť
character povaha, character
charm čaro
chase (to) vyháňať
cheap lacný
check (to) kontrolovať, skontrolovať
check šek
cheek líce
cheer (to) jasať
cheese syr
cherry čerešňa
chess šach
chest hruď
chestnut gaštan
chew (to) žuť, žuvať
chewing gum žuvačka
chicken sliepka
child dieťa
children deti
Chinese čínsky
chocolate čokoláda, čokoládový
choice výber
choose (to) vybrať, vyberať
chorus chór
Christmas Eve Štedrý Večer
Christmas Vianoce
church kostol
cider mušt
cigarette cigareta
cinema kino
cinnamon škorica
circle kruh, okruh
circus cirkus

citizen ID občiansky preukaz
citizen občan
city hall radnica
class trieda
clean (to) vyčistiť, čistiť
clean (house) upratovať, upratať
cleaning upratovanie
cleanliness čistota
clear jasný
clerk úradník (m), úradníčka (f)
climb (to) stúpať
clock hodinky, hodiny
close (to) zatvoriť, zatvárať
closed zatvorený
clothing odev, oblečenie, šaty
cloud mrak, oblak
cloudy zamračený
clown šašo
club klub
coal uhlie
coast breh
coat kabát
coat room úschovňa
cocoa kakao
cod (fish) treska
coffee káva
coffin rakva
coin minca
cold nádcha
collar golier
colleague kolega (m), kolegyňa (f)
collection zbierka
collector zberateľ
collision zrážka
color farba
color (to) farbiť
colored farebný
comb (to) česať
comb (hair care device) hrebeň

comb one's hair učesať sa
combustive výbušný
come (to) prísť, prichádzať
comfort pohodlie, pohodlný
comma čiarka
command rozkaz
commit (to) dopustiť sa
committee výbor
comparatively pomerne
compassion súcit
compensation odstupné
compete (to) konkurovať
competition súťaž, preteky
complaint sťažnosť
complete (to) zhotoviť, zhotovovať
completely celkom, úplne
complexion pleť
complicated zložitý
compliment pochvala
composer skladateľ
computer počítač
computer science informačná veda
concentrate (to) sústrediť
concerned with zaoberať sa
concert koncert
conclusion záver
condition stav
condolence sústrasť
confess (to) priznať, priznávať
confidence dôvera
confirmation potvrdenie
congratulate (to) blahoželať, gratulovať

congratulations blahoprianie

congress zjazd

connection (physical) spojenie, styk

connection (related) súvislosť

consciousness vedomie

consequence dôsledok

console (to) chlácholiť

constantly stále

constipation zápcha

constitution ústava

constructed zhotovený

consume (to) skonzumovať

consumption spotreba

contemporary súčasný

contract zmluva

control (to) ovládať, kontrolovať

conversation rozhovor

converse (to) porozprávať, rozprávať sa

convinced presvedčený

cook kuchár (m), kuchárka (f)

cook (to) navariť, variť, uvariť

cookies keks

cooking range sporák

cooking varenie

cool chladno, studený

cool (to) ochladiť

cooperate (to) spolupracovať

cork zátka

corkscrew skrutkovač, vývrtka

corn kukurica

corner kút, roh

correct správny

correction oprava

corridor chodba

cosmic kozmický

cottage chata

couch gauč

cough kašeľ

could smieť

count (to) počítať, rátať

country vlasť, krajina

countryside vidiek

couple dvojica

courage odvaha

courting dvoriť

court súd

courteous galantný

cousin bratranec (m), sesternica(f)

cover (to) kryť

cover obal

coward zbabelec

crab krab, šťúr

cracker suchár

craftsman remeselník

crash havária

crawl (to) preliezť

crayfish rak

crazy blázon, bláznivý, šialený

cream krém

credit úver

criminal act trestný

criminal zločinec, trestanec

crockery riad

croissant rožok

cross (to) prejsť, prechádzať

crossing križovatka

crown koruna

crude oil ropa

crunchy chrumkavý

cry (to) plakať

cucumber uhorka

cultivate (to) obrábať

cup šálka

cupboard skriňa

cure (to) hojiť

cure liečenie
curious zvedavý
currency mena
currents ríbezle
curtain záclona
cushion poduška
custom zvyk
customer zákazník
customs clo, colný
cut (to) krájať, rezať
cutlet rezeň
Czech český
Czech Republic Česká Republika

D

dance (to) tancovať
daring smelý
dark temný, tmavý
darkness tma
darling miláčik
date dátum
daughter dcéra
daughter-in-law nevesta
day after tomorrow pozajtra
day before yesterday predvčerom
day deň (**good day** dobrý deň)
daybreak svitanie
dead mŕtvy
deaf hluchý
dear drahý
death smrť
debt dlh
deceased nebohý
deceive (to) klamať, oklamať
December december
deception podvod
decide (to) rozhodnúť, rozhodovať
decorate (to) okrášliť

decorated zdobený
deep hlboký
defective závadný
defend (to) brániť, obhajovať, obhájiť
deformed zmrzačený
delicate chúlostivý
demand (to) žiadať
demolish (to) búrať
dense hustý
dentist zubár, zubný lekár
denture chrup
depart (to) odísť, odchádzať
department oddelenie
department store dom obchod
depend (to) záležať, závisieť
deposit záloha
describe (to) opísať, opisovať
designation označenie
desperate zúfalý
despite napriek
destiny osud
destroy (to) zničiť
development rozvoj
devoted to venovať
devour (to) žrať, žrávať
diarrhea hnačka
dictionary slovník
die (to) zomrieť, zomierať, umrieť, umierať
dietetic diétny
difference rozdiel
difficult ťažký
difficulty ťažkosť
digest (to) tráviť
diligent pracovitý, usilovný
dining jedálny
dining room jedáleň
direction smer

director riaditeľ
directory zoznam
dirt nečistota, špina
disappear (to) zmiznúť
disappointment sklamanie
disconnect (to) prerušiť
discover (to) zistiť, zisťovať
disease choroba
disgust hnus
disgusting hnusný
dishevelled strapatý
dishonest nepoctivý
dislike nechuť
disobedience neposlušnosť
displayed vyvesený
dissolve (to) rozpúšťať
distance diaľka, vzdialený
district okres
disturbance výtržnosť
diverse rozmanitý
divide (to) deliť
divorce rozvod
do (to) robiť, robievať
do (to finish) urobiť
do well dariť sa
doctor lekár (m), lekárka (f)
doctorate doktorát
document doklad, listina
doe srna
dog pes
doll bábika
dollar dolár
donkey somár
door dvere
dormitory internát
double dvojmo
doubt (to) pochybovať

dough cesto
doughnut šiška
down (below) dolu
downright priam
dozen tucet
draft prievan
drawer zásuvka
dream of snívať
dream sen
dress ball ples
dress šaty
dressed (to get) obliecť sa
dressed oblečený
dried sušený
drink (sheep's milk) žinčica
drink (to) napiť sa, piť
drink nápoj, pitie
drink up vypiť
drive jazdiť, riadiť, viesť
driver šofér, vodič
driver's license vodičský preukaz
drop kvapka
drown (to) utopiť
drug addict narkoman
drug droga
drugstore lekáreň
drum bubon
drunk opitý
dry suchý
duck kačka, kačica
dull fádny
dumpling knedľa
during počas
dusk šero, súmrak
dust prach
duty povinnosť

E

each každý
eagle orol
ear ucho, uši (pl)
earlier predtým

early zavčas
earn (to) zarobiť, zarábať
east východ
Easter Veľká Noc
eastern východný
easy ľahký
eat (to) jedávať, jesť
eating (finish) zjesť
edge kraj, okraj
education vzdelanie
effort námaha
egg vajce, vajíčko
egoist sebec
eight osem
eighteen osemnásť
eighty osemdesiat
either alebo
either, or alebo, alebo
elbow lakeť
elect (to) zvoliť
election voľba
electricity elektrina
electronic elektronický
elephant slon
elevator výťah
eleven jedenásť
eleventh jedenásty
elsewhere inde
embarrassment rozpaky
embrace (to) objať
emergency exit núdzový východ
emigration emigrácia
empty prázdny
encircle (to) obtočiť
end koniec
end (to) skončiť
endure (to) vydržať, znášať
enemy nepriateľ
energetic energický
engaged zasnúbený
engine motor

engineer inžinier
England Anglia
English (in) po anglicky
English (language) angličtina
English anglický
enjoy oneself zabaviť sa, zabávať sa
enlist narukovať
enough dosť
enough (had) stačiť
enough time dosť času
enrage (to) rozzúriť
ensure (to) zaistiť, zaisťovať
entertain (to) baviť
enthusiastic nadšený
entrance vstup
entry vchod
envelope obálka
envy závisť
envy (to) závidieť
equally jednako, rovnako
eraser guma
escape únik
especially najmä
esteemed vážený
eternity večnosť
Europe Európa
even (in the end) dokonca
evening večer
every time zakaždým
everything všetko
everywhere všade
evidently zrejme
examination skúška
example (for) napríklad
example vzor
excellent výborný
exception výnimka
exceptional mimoriadny
exchange výmena

excited rozčúlený
excursion zájazd
excuse me pardón, prepáč, prepáčte
excuse (to) ospravedlniť, prepáčiť
exercise (to) cvičiť
exercise cvičenie
exhausted večerpaný
exile exulant
exit východ
expect (to) očakávať
expense výdavky
expenses trovy
expensive drahý
experience skúsenosť, zážitok
expert znalec
explain (to) vysvetliť, vysvetlovať
express train rýchlik
extensive rozsiahly
extent rozsah
exterminate (to) vyhubiť
extinguish (to) hasiť
extreme ekstrémny
eye oko, oči (pl)
eyebrow obrva
eyeglasses okuliare

F

face tvár, obličaj
face-to-face zoči-voči
factory fabrika, továreň, závod
failure nezdar
faint (to) omdlieť
faith viera
falcon sokol
fall (to) padať
fall down (to) spadnúť
fall ill ochorieť

fall in love zaľúbiť sa
fall into zapadnúť
fall out vypadnúť
false falošný
family rodina
famous slávny
fanatic fanatik
fantastic fantastický
far (not) neďaleko
far away (from) zďaleka
far ďaleko, ďaleký
farmer gazda
fashion móda
fat tlstý
father otec
father's otcov
father-in-law tesť, svokor
fault vina
favor láskavosť
favorite (the most) najobľúbenejší
favorite obľúbený
fear obava, strach
feast hostina
February február
fee charged poplatok
feel (to) cítiť (sa)
feeling pocit, cit
fellow chlap
feminine ženský
fence plot
fermentation kvasenie
fester hnisať
festival slávnosť
festivity veselica
fever horúčka
fiancé snúbenec (m), snúbenica (f)
fidelity vernosť
field pole
fifteen pätnásť
fifth piaty
fiftieth päťdesiaty
fifty päťdesiat**

fight boj
figure postava
file pilník
fill up vyplniť, vyplňovať
filling plomba
filling station čerpadlo
finally konečne, nakoniec
financial finančný
find (to) nájsť, nachádzať
fine jemný
finger prst
finish (to) absolvovať, dokončiť,
fire (small) oheň
fire (big) požiar
fireworks ohňostroj
firm pevný
first floor prízemie
first (in order) najprv
first (number one) prvý
fish ryba
fit fazóna
five päť, päťka
fix (to repair) opraviť, opravovať
fix (to prepare) pripraviť, pripravovať
flag zástava
flatter (to) lichotiť
flaw kaz
flexible ohybný
floor dlážka, podlaha
floor (levels of building) poschodie
flour múka
flow (to) tiecť
flower kvet
flu chrípka
fly (to) letieť, lietať

fly mucha
fog hmla
follow (to) sledovať
food (on a plate) jedlo, jedenie
food (store or supply) potrava, potraviny, strava
fool blázon
foot (on) pešo, peši
for pre
for sure pravdaže
for the most part väčmi
forbid to zakázať, zakazovať
force (by) nasilu
forecast predpoveď
forehead čelo
foreign cudzí
foreign language cudzí jazyk
foreign money valuta
foreign zahraničný
foreigner cudzinec
forenoon predpoludnie
forest les
forget (to) zabudnúť, zabúdať
forgive (to) odpustiť, prepáčiť
fork vidlička
fortunately našťastie
forward dopredu
foundation základ
fracture zlomenina
fragile krehký
France Francia
frankfurter párok
free of charge zadarmo
free (mentally) slobodný
free (physically) voľný
freedom sloboda
freight nákladný

French francúzsky
fresh čerstvý
Friday piatok
fried vyprážaný
friend (close) kamarát (m), kamarátka (f)
friend priateľ (m), priateľka (f)
frivolous ľahkomyseľný
frog žaba
from above zhora
from an early age od malička
from below zdola
from here odtiaľto
from inside znútra
from od, odo, z, zo
from when odkedy
from where odkiaľ
front (in) vpredu
front of (in) pred
frost mráz
frozen zmrazený
fruit ovocie, ovocný, plod
fry (to) usmažiť
fuel palivo
full plný
function (to) fungovať
funny smiešny
fur coat kožuch
furious zúrivý
furniture nábytok
further ďalej
future budúcnosť, budúci

G

gall bladder žlčník
game zápas, hra
garage garáž
garbage dump smetisko
garden záhrada
garlic cesnak

gasoline benzín, benzínový
gate brána
gather (to) zbierať
gathering zhromaždenie
generally všeobecne
generosity štedrosť
German nemčina
Germany Nemecko
get (to) dostať, dostávať
get drunk opiť sa
get in nastúpiť, nastupovať
get out vystúpiť, vystupovať
get to know zoznámiť
get up vstať, vstávať
get wet zmoknúť
gift (small) darček
gift dar
gin borovička
girl dievča
give (to) dať, darovať
give birth porodiť
gland žľaza
glass (tumbler) pohár
glass (pane of) sklo
glaze poleva
globe zemeguľa
gloomy chmúrny
glove rukavica
glue glej, lep
go (to) ísť
go ahead nech sa páči
go out vyjsť, vychádzať
goal cieľ
God Boh
gold zlato
golden zlatý
good dobre
good dobrý
good night dobrú noc
goodbye dovidenia

good-bye, go with God
zbohom
goods tovar
goof off flákať sa
goose hus
gooseberry egreš
gossip klebeta
government vláda
grain zrno
grand dad dedo, starý otec
grand daughter vnučka
grand mother babička, stará mama
grandson vnuk
grave hrob
grape hrozno
grapefruit grapefruitový
grasping chamtivý
grass tráva
gravy omáčka
gray šedý, sivý
grease masť
great skvelý
greater väčší
green zelený
greeting pozdrav
grief zármutok
grind up (to) rozmeliť
grisly desivý
grits krupica
group skupina
grow bald plešivieť
grow up vyrásť, vyrastať
guarantee ručiť
guest hosť
guide sprievodca (m), sprievodkyňa(f)
guitar gitara
gymnastics gymnastika
gypsy cigáň (m), cigáňka (f)

H
habitation sídlisko

hair vlas
hairdo účes
hairdresser kaderník
hairy chlapatý
half a kilo polkila
half pol
hall predsieň
ham šunka
hand ruka
handbag taška
handball hádzaná
handkerchief vreckovka
hang (to) visieť
hanger vešiak
happiness šťastie
happy šťastný
hardly sotva
harm škoda
harvest (to) obrať
harvest úroda, žatva
hat klobúk
hate (to) nenávidieť
have (to) mať
have a night out flámovať
he on, jeho, ním, ňom
head hlava
head waiter pán hlavný
health zdravie (**to your health** na zdravie)
healthy zdravý
hear (to) počuť, počúvať
heart srdce
heaven nebo
heavy ťažký
height výška
hell peklo
hello halo
help (to) pomôcť, pomáhať
help pomoc
help yourself nech sa páči

her jej, ju
here tu, sem
heritage dedičstvo
hi ahoj, servus
hidden skytý
high vysoký
hill vrch
hillside stráň
him ho, neho
hire (to) prenajať, najímať
his jeho
historical historický
history dejiny
hit (to) biť, udrieť, udierať
hit (target) trafiť
hockey hokej, hokejový
hog feast zabijačka
hold (to) držať
hole diera
holiday sviatok
home (at) doma
home domov
honey med
honeymoon medový mesiac
honor úcta
hook hák
hope (to) dúfať
hope nádej
horror des
horse kôň
hospital nemocnica
hostage rukojemník
hot horúci
hotel hotel
hour hodina
house dom
household domáci
housekeeper, housewife gazdiná
how ako, akože
how are you ako sa máte
how many koľko

however avšak, však, zasa
huge ohromný
human ľudský
hundred sto, stovka
Hungarian maďarský
hunger hlad
hungry hladný, lačný
hunter lovec, poľovník
hurricane víchrica
hurry (in a hurry) ponáhľať sa
hurry (to) náhliť sa
husband manžel

I

ice cream zmrzlina
ice ľad
idea myšlienka, nápad
identity card preukaz
if ak, keby
ill at ease nesvoj
ill bred fellow grobian
illegitimate nemanželský
illness nemoc, choroba
imagine (to) predstaviť si
immoral nemravný
immortal nesmrteľný
impatient netrpezlivý
impersonal neosobný
impression dojem
improper neslušný
improve (to) zlepšiť, zlepšovať
in v, vo
in vain darmo
incapable neschopný
incident príhoda
incomprehensible nepochopiteľný
increase (to) zväčšiť
indeed veď

independent samostatný

industry priemysel

inflammable zápal

information informácia, údaj

infraction priestupok

ingratitude nevďak

inherit (to) zdediť

inheritance dedičstvo

injured ranený

injury ublíženie, zranenie

inquire (to) spýtať sa

insane blázon, bláznivý

insect hmyz

inside dovnútra, vnútri

institute ústav

insult (to) uraziť, urážať

insult nadávka

insurance poistenie

interest (to) zaujímať

interested in (be) zaujímať sa

interesting zaujímavý

intermission prestávka

international medzinárodný

interpreter tlmočník (m), tlmočníčka (f)

interrogation výsluch

intestines vnútornosti

invalid neplatný

investigate (to) skúmať

invite (to) pozvať, pozývať

iron (press clothes) žehlička

iron (metal) železo

iron (to) žehliť

irregular nepravidelný

irresponsible nezodpovedný

irritate (to) hnevať

island ostrov

Italian taliansky

Italy Taliansko

itch (to) svrbieť

its jeho

J

jacket sako

jail žalár

jam lekvár

January január

Japanese japonština, japonský

jealousy žiarlivosť

jello želé

Jew Žid (m) Židovka (f)

jewel klenot

Jewish židovský

joke (to) žartovať

joke (practical) fígeľ

joke (story telling) vtip, žart

judge (to) posúdiť

judge sudca

judgement súd

juice džús, šťava

July júl

jump rope švihadlo

jump skok

June jún

juniper gin borovička

justice spravodlivosť

K

kerchief ručník

key kľúč

kidney ladvina

kill (to) zabiť, zabíjať
kilogram kilo
kindly vďačne
kindness láskavosť
kiosk stánok
kiss bozk
kissing bozkávať sa
kitchen kuchyňa, kuchynský
knee koleno
knife nôž
knit (to) pliesť
knock (to) klopať, zaklopať
know (to) poznať, vedieť
kolach (sween bread) koláč

L

lacking (be) chýbať
lad mládenec
lag behind (to) zaostať, zaostávať
lake jazero
lamb jahňa
lamp lampa
land kraj, zem
language jazyk
lard masť
last (to) trvať
last posledný
last will závet
last year vlani
late (to be) oneskoriť sa, meškať
late neskoro
later neskôr, neskoršie, potom
laugh at vysmiať, vysmievať, smiať sa
law právo, zákon
lawyer právnik, advokát
laying down ležať
lazy lenivý

lead (to) zaviesť
leader vodca
learning učenie
leave (to) nechávať, odísť, odchádzať
left doľava, ľavý, vľavo, naľavo
leftovers zvyšky
leg noha
lemon citrón
lend (to) požičať
length dĺžka
lentil šošovica
less menej
lesson úloha, lekcia
let (to) nechať, nechávať
letter list
liberation oslobodenie
library knižnica
lie down (to) ľahnúť si
life život
lift (to) dvíhať
light (to) svietiť, zažať
light bulb žiarovka
light (not heavy) ľahký
light svetlo, svetlý
lightening blýskať sa
lighter zapaľovač
like (to) páčiť sa
like mať rád, rada
like this takto
line linka, šnúra
lion lev
lipstick rúž
literature literatúra
little málo, trochu, trošku
live (to) bývať, žiť
livelihood živobytie
liver pečeň
living bývanie
living room obyvačka

local mestský
locate (to) nachádzať
lock up zamknúť, zamkýnať
locksmith zámočník
lonely osamelý
long ago dávno, voľakedy
long dhhý
long time dlho
look (to take) pozrieť sa
look (to) dívať sa
look after opatrovať
lose (a game) prehrať, prehrávať
lose (to) stratiť
lost (be) zablúdiť
lot (a) oveľa
lot pozemok
lottery ticket žreb
loud hlasný, nahlas
love (to) ľúbiť, milovať
love láska
lover milenec
low nízko
lower (to) znížiť
lower dolný
luggage batožina
lunch (for) na obed
lunch (have) naobedovať sa
lunch (to have) obedovať
lunch obed
lungs pľúca
luxury prepych

M

machine stroj
mad šialený, bláznivý
madman blázon
magazine časopis
maiden panna
main hlavný

maintain (to) udržiavať
majority väčšina
make (to) spraviť
make a mistake (to) mýliť sa
make easier uľahčiť, uľahčovať
make oneself understood (to) dorozumieť sa
make possible umožniť, umožňovať
make precise spresniť, spresňovať
make smaller zmenšiť, zmenšovať
make up líčidlo
make wide rozšíriť, rozširovať
man človek, muž
manager správca, vedúci
manual ručný
many (so) toľko
many mnoho
map mapa
March marec
market trh
married ženatý (m), vydatá (f)
marry (m) oženiť sa, ženiť sa
mass (religious service) omša
match (flame) zápalka
material látka
mathematics matematika
mattress matrac
May máj
maybe možno
me ja, ma, mňa, mi, mne, mnou
mean (to) znamenať
meaning význam
meanwhile zatiaľ

measure (to) merať, namerať
meat mäso
medicine liek
meet (to) stretať, stretnúť
meeting schôdza
melon melón
member člen
memory pamäť
mercy zľutovanie
merrily veselo
museum múzeum
mess neporiadok
meter meter
middle stredný, prostredný
midnight polnoc
midwife babica
milk mlieko
mincemeat fašírka
mind myseľ, rozum, um
mine baňa
mine (this is) môj, moja, moje
mineral (as in water) minerálny
mineral (stone) nerast
minor nedospelý
minute minúta
mirror zrkadlo
miser lakomec
miserable mizerný
Miss (young lady) slečna
missus (Mrs.) pani
mistake chyba, omyl
mister (Mr.) pán
mistrust nedôvera
misunderstand (to) nechápať
misunderstanding nedorozomenie
mix (to) miešať
modern moderný
modesty skromnosť

moist vlhký
moldy plesnivý
moment chvíľa, okamih
Monday pondelok
money (coins) halier
money peniaze
monk mních
monkey opica
monster netvor
month mesiac
monument pomník, pamätník
mood nálada
moral mravný
more viac
morning ráno
(good morning dobré ráno)
mosquito komár
most (the) najviac
mostly zväčša
mother mať, matka
mother's matkyn
mother-in-law testiná, svokra
motion pohyb
motorbike motorka
motorcycle motocykel
mountain hora
mournful smútočný
mouse myš
mouth huba, ústa
move (to) sťahovať
move out vysťahovať
movie film
much (by) omnoho
much veľa
mud bahno
mug hrnček, šálka
multiplication násobilka
murder vražda
murderer vrah
muscle sval
mushroom hríb, huba
music hudba
must (to) musieť

mustache fúzy
mustard horčica
mute nemý
mutual vzájomný
mystery záhada

N

naked holý, nahý
name meno
names day meniny
nape väz
napkin servítka
narrow (to) zúžiť
narrow úzky
nation národ
national costume kroj
national národný
native (an individual) domorodec
native (from an area) rodný
nature príroda
navel pupok
near blízko
near by blízky
near pri
necessary (it's) treba
necessary potrebný
necessity nutnosť
neck krk, šija
necktie viazanka, kravata
need (to) potrebovať
needle ihla
negative záporný
neglect (to) zanedbať, zanedbávať
neighbor sused (m), susedka (f)
neighboring susedný
neither, nor ani…ani
nephew synovec
nerve nerv
never nikdy
new nový

New Year's Eve Silvester
news správa
newspaper noviny
next ďalší, nasledujúci
next to each other vedľa seba
next to pri
next vedľa, vedľajší
nice sympatický, milý
nickname prezývka
niece neter
night noc (good night dobrú noc)
nine deväť
nineteenth deväťdesiaty
ninety deväťdesiat
ninth deviaty
no doubt dozaista
no nie
nobody nikto
noisy hlučný
none žiaden, žiadna, žiadne
nonsense nezmysel
noodles halušky, rezance, slíže
normal normálny
north sever
northern severný
nose nos
not far zblízka
not only nielen
note poznámka
notebook zošit
nothing nič
notice (to) badať, všimnúť si
notice výpoveď
nourishment výživa
novel novela
November november
now teraz
nowhere nikde, nikam
number číslo

nun mníška
nurse ošetrovateľ (m), ošetrovateľka (f)
nut orech
nut roll orechovník

O

oak dub
obedient polušný
object (to) namietať
obtain (to) získať, získavať
occupied obsadený
occurrence udalosť
ocean oceán
October október
oculist očný lekár
of course ba, samozrejme
offer (to) ponúkať
office kancelária, úrad
often často, neraz
oil olej
old age staroba
old starý
old woman baba, stará žena
on na
on time včas
once raz
one jeden, jedna, jedno, jednotka
one may dá sa
one third tretina
oneself sa, seba
onion cibuľa
only iba, len
only just práve
open (to) otvoriť, otvárať
open otvorený
opener otvárač
opinion mienka, názor
opportunity príležitosť

opposite naopak, naproti, oproti
orange (color) oranžový
orange pomaranč
order (to) objednať
order poriadok
order (place an) zákazka
ordinary obyčajný, všedný
organization organizácia
organize (to) organizovať
originate vzniknúť, vznikať
orphan sirota
other iný
other times (at) inokedy
otherwise ináč, síce
our naši, naša, naše
outpatient department ambulancia
outside von, vonku
owl sova
own vlastný
owner majiteľ
ownership vlastníctvo
ox vôl
oyster ustrica

P

pack (to) baliť, zabaliť
package balík
pain bolesť
painter maliar (m), maliarka (f)
painting maľba
pair pár
pale bledý
palm (of hand) dlaň
panic (to) splašiť sa
pantry komora

paper papier, papierový
paprika paprika
paradise raj
paralysis ochrnutie
parent rodič
parish cirkev
park park
parsley petržlen
part časť, súčasť
participation účasť
partner spoločník
party zábava, večierok
pass (to) podať, dať
passage priechod
passenger train osobný vlak
passion vášeň
passport pas
past minulý
pastry múčnik, pečivo
pastry (piece of) zákusok
patience trpezlivosť
patient pacient
patrol hliadka
pay (to) platiť, zaplatiť
pay extra priplatiť
pay into (to) doplatiť
pay out vyplatiť
pay plat
peace mier, pokoj
peach broskyňa
pear hruška
peas hrach
peasant roľník, sedliak
pen pero
penalty pokuta
pencil ceruza
penguin tučniak
pension dôchodok
people ľudia
perfect dokonalý

perform (to) predvádzať
perfume voňavka
perhaps snáď
perish (to) hynúť
permanent trvalý
permission povolenie
persist (to) trvať, zotrvať
persistent vytrvalý
person (in) osobne
person osoba
perspiration pot
pest škodec
petroleum nafta
pharmacy lekáreň, farmácia
philanderer frajer
philology filológia
philosophy filozófia
phone (by) telefonicky
photofraph fotografia
physics fyzika
piano klavír
pick (to) vybrať
picture obraz
piece krajec, kus
pig prasa, sviňa
pike (fish) šťuka
pillow case obliečka
pillow vankúš
pilot pilot
pin špendlík
pineapple ananás
pine tree jedľa, smrek
pink ružový
pipe fajka
pit jama
place (to) klásť
place miesto
place of (in) namiesto
plain prostý, jednoduchý
plan plán

planning plánovať
plant (to) posadiť
plant rastlina
planted osadený
plaster omietka
plate tanier
play (to) hrať sa,
zahrať, zahrávať
play hra
player hráč
please (to) tešiť,
vyhovieť
please (to beg)
prosiť
pleasure potešenie,
radosť, rozkoš
pledge záväzok
plentiful hojný
plug zástrčka
plum brandy slivovica
plum slivka
pocket vačok
poem báseň
poison jed, otrava
poisonous jedovatý
Poland Poľsko
police policajt,
policajný
police station
policajná stanica
Polish poľština,
poľský
polite zdvorilý
poor chudobný, úbohý
poor person chudák
popcorn pukance
poppy seed cake
makovník
poppy seed mak
popular obľúbený,
populárny
porch veranda
pork bravčové
porridge kaša
porter nosič
portion porcia
possession majetok

possibility možnosť
post office pošta
postcard karta,
pohľadnica
potato zemiak
poultry hydina
pour (to) sypať
poverty bieda
power moc
power of attorney
splnomocnenie
praise (to) chváliť,
pochváliť,
pochvaľovať
pray (to) modliť sa
precaution opatrnosť
precise presný
pregnant tehotná
prehistoric praveký
prepare (to)
pripraviť,
present (the)
prítomnosť
present (to) darovať
preserves zaváranina
press (to) tlačiť
pressure tlak
pretent (to) tváriť
sa
prettier krajší
pretty pekný
price cena
pride hrdosť, pýcha
priest farár
prepare (to)
pripravovať
prison väzenie
private súkromie,
súkromný
probably asi,
pravdepodobne
problem problém
processed tavený
procure (to)
zadovážiť,
zadovažovať

produce (to) vyrábať,
vyrobiť
production výroba
profession
zamestnanie
professor profesor
profit úžitok, zisk
profitable rentabilný
program program
promise sľub
promising nádejný
proof dôkaz
proper slušný
proposal návrh
protect (to) chrániť
protection ochrana
proud hrdý
prove (to) dokázať
proverb príslovie
public verejný
pudding puding
pull (to) ťahať
pull off (to)
stiahnúť, sťahovať
pull out vytiahnúť,
vyťahovať
pullover pulóver
pulse tep
pumpkin tekvica
punishment trest
pupil učeň
purchase nákup
purple fialový
put down (to)
položiť, klásť

Q

quality kvalita,
akosť
quarrel (to) hádať sa
quarter štvrť
question otázka
quick rýchly
quickly chytro,
rýchlo
quiet (silence) ticho
quiet (be) tichý

R

rabbit zajac
race beh
radio rádio
radish reďkovka,
redkvička
rag handra
railroad car vagón
rain (to) pršať
rain dážď
raise (to) pestovať
raisins hrozienka
ram baran
rape (to) znásilniť
rare vzácny
raspberry drink
malinovka
rat potkan
rather radšej
raw surový
read (to) čítať,
prečítať
reading čítanie
ready oneself (to)
chystať sa
ready pripravený,
hotový
really iste, istotne,
naozaj, ozaj,
skutočne
reason dôvod
recall (to) spomínať
receipt účet
recognize (to)
rozoznať
recollection
spomienka
recommend (to)
odporúčať
reconsider (to)
rozmyslieť si
record (disk) platňa
record player
gramofón
recovery zotavenie
red červený

reflected (to) odrážať sa
refresh (to) osviežiť
refreshment občerstvenie
refugee uprchlík
region oblasť
register (to) zaznamenať
regularly pravidelne
rejoice (to) jasať
relationship pomer, vzťah
relative príbuzný
relief úľava
religion náboženstvo
reluctant neochotný
remain (to) ostať, zostať, zostávať
remember (to) pamätať sa
rent (to) najať, prenajať
rent nájomné
repeat (to) opakovať
report zvesť
representative zástupca
repugnant protivný
request žiadosť
rescue záchrana
research bádanie, výskum
residence obytný dom
respect (to) rešpektovať
respect úcta
respectable solídny
responsibility zodpovednosť
rest (to) odpočívať
restaurant reštaurácia
restructuring prestavba
return (to) vracať sa, vrátiť sa

reveal (to) vyjadriť, vyjadrovať
revenge pomsta
reverse opak
rheumatism reuma
rib rebro
rice ryža
rich bohatý
ride (to) jazdiť
ride jazda
right (on) vpravo, napravo
right (to the) doprava
right away hneď, okamžite
ring (to) zvoniť
ring prsteň
rip (to) rozpárať
ripe (not) nezrelý
ripe zrelý
rival sok
river rieka
road cesta
roast beef roštenka
roasted pečený
robber zlodej
robbery lúpež
robe župan
robot robot
rogue šibal
roof strecha
room izba, miestnosť
rooster kohút
rose ruža
rotten hnilý, zhnilý
round guľatý
rout trať
row rad
rug koberec
ruined pokazený
run (to) bežať
run away ujsť
run off utiecť, utekať
Russian ruský
rust (to) hrdzavieť

rye žito

S

sad smutný
sadly smutno, clivo
safety bezpečnosť
said (it is) vraj
sail (to) plaviť sa
saint svätý
salad šalát
salami saláma
salary plat, zárobok
sale výpredaj
saleslady predavačka
salesperson predavač
salmon losos
salt shaker soľnička
salt soľ
salty slaný
sandwich (open faced)
obložený chlebík
sardines sardinky
satisfied spokojný
saturate (to)
presýtiť
Saturday sobota
saucepan kastról
sausage klobása
sause omáčka
save (to) šetriť,
sporiť
say (to) hovoriť,
povedať
scale váha
scarf šál
schedule rozvh
scholarship
štipendium
school škola
schoolmate
spolužiak (m),
spolužiačka (f)
science veda
scientist učenec
scissors nožnice
scrambled eggs
praženica

sea more
search pátranie
season obdobie,
sezóna
second sekunda
secretly tajne
see (to) vidieť
seek (to) hľadať
seem zdať sa
seizure záchvat
seldom zriedka
self confidence
sebadôvera
self seba, sebou,
sebe, si
self service
samoobsluha
sell (to) predať,
predávať
send (to) poslať
sense zmysel
sensitive citlivý
sentence (to) odsúdiť
sentence (grammar)
veta
separation rozlúčenie
September september
serious vážny
serve (to) obslúžiť,
obsluhovať
service obsluha,
služba
session zasadanie
seven sedem
seventeen sedemnásť
seventy sedemdesiat
several niekoľko
sew (to) šiť
shadow tieň
shake (shiver) chvieť
shake (mix) zatrepať
shallow plytký
shame hanba
shameless nehanblivý
share akcia
shark žralok
sharpen (to) ostriť

shave (to) holiť, oholiť
she ona, ňu, ňou, nej
sheep farm salaš
sheep ovca
sheepdog ovčiak
sheet plachta
shell škrupina
shine (to) žiariť
shirt košeľa
shoe topánka
shoot zastreliť
shooting streľba
shop (for news and tobacco) trafika
shop (to) nakúpiť, nakupovať
short krátky
shortage nedostatok
shorten (to) skracovať
shorts šortky
shoulder plece
shout (to) kričať
show (to) ukázať, ukazovať
shower sprcha
shy hanblivý
sibling súrodenec
sick chorý
side strana
sidewalk chodník
sight zrak
sign značka, znak, znamenie
signature podpis
silence mlčanie, ticho
silk hodváb
silver striebro, strieborný
similar podobný
simple prostý
simply jednoducho
sin (to) zhrešiť
sin hriech
since keďže, odvtedy

sincerity úprimnosť
sing (to) spievať
sink umyvadlo
sister sestra
sister-in-law švagriná
sit (to) sedieť
situation situácia
six šesť
sixteen šestnásť
sixty šesťdesiat
size veľkosť
skate (to) korčuľovať
ski (to) lyžovať
ski lyže
skill zručnosť
skin koža
skirt sukňa
skull lebka
slap facka
sleep (to) spať
sleeping car lôžkový vozeň
sleeve rukáv
sleigh sane
slide (to) šmýkať
slim štíhly
slogan heslo
Slovak Slovák (m), Slovenka (f)
Slovak slovenský
Slovakia Slovensko (**in Slovakia** na Slovensku)
small drobný, malý
smaller menší
smart múdry
smell zápach
smile (to) usmievať
smoke (to) fajčiť
smoke dym
smoked fish udenáč
smoker fajčiar
smooth hladký
snack bar bufet
snake had
snore (to) chrápať

snow (to) snežiť
snow sneh
so teda, tak
so that aby
soap mydlo
soccer futbal
society spoločnosť
socks ponožky
soda sóda
soft cheese bryndza
soft mäkký
soldier vojak
solitude samota
some kind dajaký
some nejaký
some niektorý
somehow akosi, nejako
someone niekto
something niečo
sometime(s) dakedy,
niekedy, zavše
somewhere niekde
son syn
song pieseň
son-in-law zať
soon čoskoro, skoro
sooner skôr
sorrow žiaľ
sorry (be) ľutovať
sorry ľúto
soul duša
soup polievka
sour cherry višňa
sour cream smotana
sour kyslý
south juh
southern južný
Spanish španielsky
spark iskra
sparrow vrabec
special osobitný,
zvláštny
speech reč
speed rýchlosť
speedy súrny
spell (to) hláskovať

spend (to) minúť,
stráviť
spice korenie
spill (to) rozsypať
spinach špenát
spirit duch
spiritual duševný
spleen slezina
splendor nádhera
spoil (to) kaziť,
pokaziť, pokazený
spoil (a child)
rozmaznať
spoiled skazený
spoon lyžica
sport šport, športový
spot (to) uvidieť
spring jar, jarný
spy špeh
square (town)
námestie
squirrel veverica
stab (to) bodnúť
stain škvrna
stair schod
staircase schodište,
poschodie
stamp známka
stand (to) stáť
standard úroveň
star hviezda
starch škrob
startled prekvapený
state štát, štátny
station stanica
statue socha
stay (to) zdržať sa
stay pobyt
steak stejk
steal (to) okrádať,
kradnúť
steam para
steel oceľ
step krok
stepfather otčim
stepmother macocha
stew guláš

stewed fruit kompót
still ešte
sting (to) štípať
stink (to) smrdieť
stir (to) hýbať
stock zásoba
stocking pančucha
stomach brucho, žalúdok
stone kameň, kamenný
stop (to) zastaviť, zastavovať
store obchod
stork bocian
storm búrka
story príbeh, rozprávka
stove kachle, šporák
straight priamo, rovno
strange čudný, divný
straw slamka
strawberry jahoda
stream potok
street ulica
strengthen (to) otužiť
stress dôraz, napätie
strict prísny
strike stávka, štrajk
striped čiarkovitý
strong (physically) mocný
strong (coffee) silný
student študent (m), študentka (f)
study (to) študovať, učiť sa
stuffing plnka
stuffy dusno
stupid hlúpy, sprostý
stutter (to) zajakávať sa
subject predmet
substitute (to) zastúpiť, zastupovať
suburb predmestie

success úspech
sudden zrazu
suffer (to) trpieť
sugar cukor
suicide samovražda
suit (to) vyhovovať
suit oblek
suitcase kufor, zavazadlo
summer leto, letný
summon (to) zvolať, zvolávať
summons predvolanie
sun slnce, slnko
sunbathe (to) opaľovať sa, opáliť sa
Sunday nedeľa
sunglasses slnečné okuliare
sunny slnečný
sunstroke úpal
super power veľmoc
supper večera
supplementary doplňujúci
suppose (to) hádať
suppport (to) domnievať sa
surcharge príplatok
surely určite
surface povrch
surgeon chirurg
surprise (to) čudovať sa
suspicious podozrivý
suitable vhodný
swallow (to) hltať, zhltnúť
swear (to) hrešiť
sweat pot
sweat suit tepláky
sweater sveter
sweets sladkosť, sladký
swell (to) opuchnúť
swim (to) plávať

swimming pool bazén
swimming pool
(public) kúpalisko
swimming suit plavky
switch on lights
zažať, zažíňať
symphony filharmónia

T

table stôl
take (to) brať, vziať
take apart (to)
rozobrať
take away zobrať
take care of oneself
dbať
take care vybaviť,
vybavovať
take up zabrať
tale rozprávka
talent nadanie,
talent
talk (long
conversation)
besedovať
talk (to) vravieť,
vravievať
tan žltohnedý
tangerine mandarínka
tape recorder
magnetofón
taste (to) chutiť,
ochutnať
taste chuť (feel like
eating mať chuť)
taste (style) vkus
tasty chutný
tax daň
taxi taxík
tea čaj
teach (to) učiť
teacher učiteľ (m),
učiteľka (f)
tear slza
tedious work babračka
tee shirt tričko

telephone (to)
telefonovať,
zatelefonovať
telephone telefón
television televízor,
televízia
temperature teplota
temporarily prechodne
ten desať
tenderness neha
tent stan
tenth desiaty
terrible strašný,
hrozný
territory územie
terror hrôza
testify (to) svedčiť
than než
thank (to) ďakovať
thankful vďačný
thanks vďaka
that ten, tá, to
that že
theater divadlo
theft krádež
their ich
then vtedy
there isn't any niet
there tam
therefore zato
they oni
thick hrubý
thigh stehno
thin chudý, tenký
thing vec
things that belong
príslušentvo
think (to) myslieť,
rozmýšlať
third tretí
thirst smäd
thirsty smädný
thirteen trinásť
thirty tridsať
this tento, táto,
toto
this time tentokrát

this way sem
thousand tisíc
three tri
throat hrdlo
through cez
throw (to) hodiť
thunder (to) hrmieť
Thursday štvrtok
ticket vstupenka, lístok
tickle (to) štekliť
tie kravata
tight tesný
till do
time (era) doba
time (last) naposledy
time (on) načas
time čas **(on time na čas), (to have time** mať čas**)**
timely aktuálny
tip (money) prepitné
tip (point) špička
tired unavený
toast hrianka
today dnes
together spolu
toilet záchod
tolerant tolerantný
tomato paradajka, rajčina
tomorrow zajtra
too príliž
tooth zub
toothpick špáradlo, špárátko
torture (to) mučiť
tourist turista
toward k, ku
tower veža
town mesto
toy hračka
track & field atletika
trackless trolley trolejbus
traditional tradičný

traffic premávka
train vlak
trained skrotený
trait vlastnosť
traitor zradca
translation preklad
transport (to) dopravovať, odviezť
transportation doprava
travel (to) cestovať
tray tácňa
treat (to) liečiť
tree strom
trip výlet
trolley električka
trousers nohavice
trout pstruh
true iste
truly veru
trumpet trúba
truth pravda
try (to) skúsiť, skúšať
Tuesday utorok
turkey morka
Turkish turecký
turn out vypadať
turn over obrátiť, obracať
twelfth dvanásty
twelve dvanásť
twenty dvadsať, dvadsiaty
twins dvojičky
two dva, dvojka
two sorts dvojaký
two-bed dvojposteľový
type druh, typ

U
ugly škaredý
ulcer vred
umbrella dáždnik
unbelievable neuveriteľný
uncertain neistý

uncle strýko, ujko, ujo
uncomfortable nepohodlný
unconsciousness bezvedomie
under pod
understand (a concept) chápať, pochopiť
understand (what you are saying) rozumieť
undertaking podujatie
underwear (under clothing) bielizeň
underwear (panties) nohavičky
undress vyzliecť, vyzliekať
unemployed nezamestnaný
unfold rozvíjať sa
unfortunately bohužiaľ, nanešťastie
unhappiness nešťastie
unhealthy nezdravý
uninteresting nezaujímavý
unite (to) zlúčiť
United States Spojené Štáty
universe vesmír
university univerzita
unjust nespravodlivý
unknown neznámy
unlawful nedovolený
unnecessary netreba, nepotrebný
unrest nepokoj
up hore
upper horný
urine moč
use (valueless) nanič
use (to) použiť, používať, užívať
use drugs (to) fetovať

useless zbytočne
utilize (to) využiť, využívať

V

vacation dovolenka, prázdniny
vacuum cleaner vysávač
vain (in) nadarmo
valley údolie
value (to) ceniť
value hodnota
variety (many items) množstvo
various rozličný, rôzny
VCR video
veal teľací
vegetable zeleninový
vegetables zelenina
vehicle vozidlo
vein žila
very veľmi
victory víťazstvo
vile hanebný
village dedina
violin husle
virtue cnosť
visa vízum
visit (to) navštíviť, navštevovať
visit návšteva
voice hlas
volley ball volejbal
volunteer dobrovoľník
vote (to) hlasovať

W

wage mzda, plat
wagon vozeň
wait (to) čakať, počkať
waiter čašník
waitress čašníčka
wake up (to) budiť, zobudiť, zobúdzať

walk (to) ísť, chodiť	**what for** načo
walk prechádzka	**what kind** aký, aká, aké
wall stena	
wander (to) blúdiť	**whatever** akýkoľvek, čokoľvek, hocičo
want (to) chcieť	
war vojna	**wheel** koleso
wardrobe skriňa	**when** kedy, keď
warm teplý	**whenever** kedykoľvek
warm up zohriať	**where ever** kamkoľvek
warning upozornenie	**where** kde
wash (automatic) oprať	**where to** kam
wash (by hand) umývať, umyť	**wherever** hocikto
washing machine pračka	**whether** či
washroom umyváreň	**which** ktorý
wasp osa	**whichever** ktorýkoľvek
waste (to) márniť	**whim** rozmar
waste of time škoda času	**whisper (to)** šepkať, šuškať
watch (guard) hliadka	**whistle (to)** pískať
watch (to) pozerať	**whistle (instrument)** píštalka
watch over (to) bdieť	**white** biely
water melon dyňa	**white man** beloch
water voda	**who** kto
waterfall vodopád	**whoever** ktokoľvek
we my	**whole** celý
weak slabý	**wholehearted** srdečný
weakness slabosť	**wholeheartedly** žičlivo
weapon zbraň	**whose** čí, čia, čie
weather počasie **(bad weather** nečas**)**	**why** prečo
weave tkať	**wide** široký
wedding sobáš, svadba	**widow** vdova
Wednesday streda	**widower** vdovec
week end víkend	**width** šírka
week týždeň	**wife** manželka
weigh (to) vážiť	**wild** divoký
welcome vitajte, vitaj	**will** vôľa
well (water) studňa	**willingness** ochota
west západ	**win (to)** vyhrať, vyhrávať
western západný	**wind** vietor
wet mokrý	**window** oblok, okno
whale veľryba	**wine tavern** vináreň
what čo	**wine** víno
	wing krídlo
	winter zima

wintry zimný
wise man mudrc
wish (to) priať, želať
with s, so
without bez
witness svedok
wolf vlk
woman žena
wonder div
wonderful báječný, zázračný
wood drevo
wool vlna
word slovo
work (to) pracovať, robiť
work day pracovný deň
work robota, práca
work room pracovňa
worker pracovník, robotník
workshop dielňa
world famous svetoznámy
world svet
worldly svetový
worry (to) trápiť sa
worry about (to) mrzieť
worse horší
worsen (to) zhoršiť, zhoršovať
worst najhorší
wrap up zabaliť
wrinkle vráska
wrist zápästie
write (to) napísať, písať
writer spisovateľ (m), spisovateľka (f)
wrong (be) mýliť sa
wrong nepravý, chybný

Y
yard dvor

yawn (to) zívať
yeah no
year rok
yearly ročný
yellow žltý
yes áno
yesterday včera
yet hej
yolk žĺtok
you ty, teba, tebe, ti, tebou
you vy, vás, vám, vami
young mladý
younger mladší
younger than I mladší odo mňa
your (familiar) tvoj, tvoja, tvoje
your (formal) váš, vaša, vaše
youth mladosť

Z
zoo zoologická záhrada

More From Hippocrene ...

Other Slavic Language Titles

BYELORUSSIAN-ENGLISH/ENGLISH-BYELORUSSIAN
CONCISE DICTIONARY
290 pages – 6,500 entries – ISBN 0-87052-114-4 – $9.95pb – (395)

CZECH-ENGLISH/ENGLISH-CZECH CONCISE
DICTIONARY
594 pages – 7,500 entries – ISBN 0-87052-981-1 – $11.95pb (276)

POLISH-ENGLISH/ENGLISH POLISH PRACTICAL
DICTIONARY
**703 pages – 31,000 entries – ISBN 0-7818-0085-4 – $11.95pb –
(450)**

SERBO-CROATIAN-ENGLISH/ENGLISH-SERBO-
CROATIAN PRACTICAL DICTIONARY
**400 pages – 24,000 entries – ISBN 0-7818-0445-0 – $16.95pb –
(130)**

SLOVAK HANDY EXTRA DICTIONARY
**200 pages – 7,500 entries – ISBN 0-7818-0101-X – $12.95pb –
(359)**

UKRAINIAN-ENGLISH/ENGLISH-UKRAINIAN
PRACTICAL DICTIONARY
**406 pages – 16,000 entries – ISBN 0-7818-0306-3 – $14.95pb –
(343)**

Hippocrene's Beginner's Series

Do you know what it takes to make a phone call in Russia? Or how to get through customs in Japan? This new language instruction series shows how to handle oneself in typical situations by introducing the business person or traveler not only to the vocabulary, grammar, and phrases of a new language, but also the history, customs, and daily practices of a foreign country.

The Beginner's Series consists of basic language instruction, which also includes vocabulary, grammar, and common phrases and review questions, along with cultural insights, interesting historical background, the country's basic facts and hints about everyday living, driving, shopping, eating out, and more.

ARABIC FOR BEGINNERS
186 pages • 5 ¼ x 8 ¼ • 0-7818-01141 • $9.95pb • (18)

BEGINNER'S BULGARIAN
207 pages • 5 ½ x 8 ½ • 0-7818-0300-4 • $9.95pb • (76)

BEGINNER'S CHINESE
150 pages • 5 ½ x 8 • 0-7818-0566-X • $14.95pb • (690)

BEGINNER'S CZECH
200 pages • 5 ½ x 8 ½ • 0-7818-0231-8 • $9.95pb • (74)

BEGINNER'S ESPERANTO
400 pages • 5 ½ x 8 ½ • 0-7818-0230-x • $14.95pb • (51)

BEGINNER'S HUNGARIAN
200 pages • 5 ½ x 7 • 0-7818-0209-1 • $7.95pb • (68)

BEGINNER'S JAPANESE
200 pages • 5 ½ x 8 ½ • 0-7818-0234-2 - $11.95pb • (53)

BEGINNER'S LITHUANIAN
471 pages • 6 x 9 • 0-7818-0678-X • $19.95 • (764)

BEGINNER'S MAORI
121 pages • 5 ½ x 8 ½ • 0-7818-0605-4 • $8.95pb • (703)

BEGINNER'S PERSIAN
150 pages • 5 ½ x 8 • 0-7818-0567-8 • $14.95pb • (696)

BEGINNER'S POLISH
200 pages • 5 ½ x 8 ½ • 0-7818-0299-7 • $9.95pb • (82)

BEGINNER'S ROMANIAN
200 pages • 5 ½ x 8 ½ • 0-7818-0208-3 • $7.95pb • (79)

BEGINNER'S RUSSIAN
200 pages • 5 ½ x 8 ½ • 0-7818-0232-6 • $9.95pb • (61)

BEGINNER'S SWAHILI
200 pages • 5 ½ x 8 ½ • 0-7818-0335-7 • $9.95pb • (52)

BEGINNER'S UKRAINIAN
130 pages • 5 ½ x 8 ½ • 0-7818-0443-4 • $11.95pb • (88)

BEGINNER'S VIETNAMESE
517 pages • 7 x 10 • 0-7818-0411-6 • $19.95pb • (253)

BEGINNER'S WELSH
210 pages • 5 ½ x 8 ½ • 0-7818-0589-9 • $9.95pb • (712)

Hippocrene's Mastering Series

These imaginative courses, designed for both individual and classroom use, assume no previous knowledge of the language. The unique combination of practical exercises and step-by-step grammar emphasizes a functional approach to new scripts and their vocabularies. Everyday situations and local customs are explored variously through dialogues, newspaper extracts, drawings and photos. Cassettes are available for each language.

MASTERING ARABIC
320 pages • 5 ¼ x 8 ¼ • 0-87052-822-6 • USA • $14.95pb • (501)
2 cassettes: 0-87052-984-6 • (507)

MASTERING FRENCH
288 pages • 5 ½ x 8 ½ • 0-87052-055-5 USA • $14.95pb • (511)
2 Cassettes: • 0-87052-060-1 USA • $12.95 • (512)

MASTERING ADVANCED FRENCH
348 pages • 5 ½ x 8 ½ • 0-7818-0312-8 • W • $14.95pb • (41)
2 Cassettes: • 0-7818-0313-6 • W • $12.95 • (54)

MASTERING GERMAN
340 pages • 5 ½ x 8 ½ • 0-87052-056-3 USA • $11.95pb • (514)
2 Cassettes: 0-87052-061-X USA • $12.95 • (515)

MASTERING ITALIAN
360 pages • 5 ½ x 8 ½ • 0-87052-057-1 • USA • $11.95pb • (517)
2 Cassettes: 0-87052-066-0 • USA • $12.95 • (521)

MASTERING ADVANCED ITALIAN
278 pages • 5 ½ x 8 ½ • 0-7818-0333-0 • W • $14.95pb • (160)
2 Cassettes: 0-7818-0334-9 • W • $12.95 • (161)

MASTERING JAPANESE
368 pages • 5 ½ x 8 ½ • 0-87052-923-4 • USA • $14.95pb • (523)
2 Cassettes: • 0-87052-983-8 USA • $12.95 • (524)

MASTERING NORWEGIAN
183 pages • 5 ½ x 8 ½ • 0-7818-0320-9 • W • $14.95pb • (472)

MASTERING POLISH
288 pages • 5 ½ x 8 ½ • 0-7818-0015-3 • W • $14.95pb • (381)
2 Cassettes: • 0-7818-0016-1 • W • $12.95 • (389)

MASTERING RUSSIAN
278 pages • 5 ½ x 8 ½ • 0-7818-0270-8 • W • $14.95pb • (11)
2 Cassettes: • 0-7818-0271-7 • W • $12.95 • (13)

MASTERING SPANISH
338 pages • 5 ½ x 8 ½ • 0-87052-059-8 USA • $11.95 • (527)
2 Cassettes: • 0-87052-067-9 USA • $12.95 • (528)

MASTERING ADVANCED SPANISH
326 pages • 5 ½ x 8 ½ • 0-7818-0081-1 • W • $14.95pb • (413)
2 Cassettes: • 0-7818-0089-7 • W • $12.95 • (426)

Central and Eastern European Cookbooks

ALL ALONG THE DANUBE: Recipes from Germany, Austria, Czechoslovakia, Yugoslavia, Hungary, Romania, and Bulgaria
Marina Polvay

For novices and gourmets, this unique cookbook offers a tempting variety of Central European recipes from the shores of the Danube River, bringing Old World flavor to today's dishes.
349 pages • 5 ½ x 8 ½ • 0-7818-0098-6 • W • $14.95pb • (491)

TRADITIONAL BULGARIAN COOKING
Atanas Slavov

This collection of over 125 authentic recipes, the first comprehensive Bulgarian cookbook published in English, spans the range of home cooking: including many stews and hearty soups using lamb or poultry and grilled meats, vegetables and cheese pastries; deserts of sweetmeats rich in sugar and honey, puddings, and dried fruit compotes.
200 pages • 5 ½ x 8 ½ • 0-7818-0581-3 • W • $22.50hc • (681)

THE BEST OF CZECH COOKING
Peter Trnka

Over 200 simple yet elegant recipes from this little-known cuisine.
248 pages · 5 x 8 ½ • 0-7818-0492-2 • W • $12.95pb • (376)

THE BEST OF POLISH COOKING, Revised edition
Karen West

"A charming offering of Polish cuisine with lovely woodcuts throughout."   —*Publishers Weekly*

"Ethnic cuisine at it's best." —*The Midwest Book Review*
219 pages • 0-7818-0123-3 • $8.95pb •(391)

THE ART OF HUNGARIAN COOKING, Revised edition
Paul Pogany Bennett and Velma R. Clark

Whether you crave Chicken Paprika or Apple Strudel, these 222 authentic Hungarian recipes include a vast array of national favorites, from appetizers through desserts. Now updated with a concise guide to Hungarian wines!
225 pages•5 ½ x 8 ½ •18 b/w drawings•0-7818-0586-4•W•$11.95pb · (686)

POLISH HERITAGE COOKERY, Illustrated edition
Robert & Maria Strybel

New illustrated edition of a bestseller with 20 color photographs! Over 2,200 recipes in 29 categories, written especially for Americans!

"An encyclopedia of Polish Cookery and a wonderful thing to have!"   —*Julia Child, Good Morning America*

"*Polish Heritage Cookery* is the best [Polish] cookbook printed on the English market!"

—*Polish American Cultural Network*

915 pages • 16 pages color photographs • 0-7818-0558-9 • $39.95hc • (658)

TASTE OF ROMANIA
Nicolae Klepper

A real taste of both Old World and modern Romanian culture. Romania's cuisine developed with influences from its many invaders Greeks and Turks, as well as from the cuisine of its Slavic, Germanic and Magyar neighbors. This book draws from the great variety of Romanian favorites, including traditional Romanian Lamb Haggis, Eggplant Salad, Braised Pork with Sauerkraut, and of course, the classic little grilled sausages, *Mititei* (The Wee Ones). More than 140 recipes, including the specialty dishes of Romania's top chefs, are intermingled with fables, poetry, and information on Romanian culture in this comprehensive and well-organized guide to Romanian cuisine. Includes an appendix of Romanian wines and an index in Romanian and English.

Nicolae Klepper is a first generation Romanian-American business executive who has researched this book for nearly five years. He resides in Edinburgh, Scotland.

319 pages • 5 ½ x 8 ½ • 0-7818-0523-6 • W • $24.95hc • (637)

Prices subject to change without notice.

To order Hippocrene Books, contact your local bookstore, call (718) 454-2366, or write to: Hippocrene Books, 171 Madison Ave. New York, NY 10016. Please enclose check or money order adding $5.00 shipping (UPS) for the first book and $.50 for each additional title.